Air a' Charbad fo Thalamh
On the Underground

Air a' Charbad fo Thalamh
On the Underground

Rody Gorman

Beurla/ *Translations*:
Meg Bateman
Maoilios M. Caimbeul/*Myles M. Campbell*
Iain Mac a' Ghobhainn/*Iain Crichton Smith*
Iain Mac a' Phearsain/*Iain S. MacPherson*
Ruaraidh MacIllUidhir/*J. Derrick McClure*
Caoimhin MacNèill/*Kevin MacNeil*
Dòmhnall Moireach/*Donald S. Murray*
Uilleam Nèill/*William Neill*
Sìne NicTheàrlaich/*Sheena Blackhall*

agus an t-ùghdar/*and the author*

Polygon
Dùn Eideann/*Edinburgh*

© Rody Gorman, 2000

Polygon
An imprint of Edinburgh University Press Ltd
22 George Square, Edinburgh

Set in Bembo by Hewer Text Ltd, Edinburgh, and
printed and bound in Great Britain by
Bell & Bain Ltd, Glasgow

A CIP Record for this book is
available from the British Library

ISBN 0 7486 6274 X (paperback)

The right of Rody Gorman
to be identified as author of this work
has been asserted in accordance with
the Copyright, Designs and Patents Act 1988.

Chuidich Comhairle nan Leabhraichean am foillsichear
le cosgaisean an leabhair seo.

Clàr-Innse/*Contents*

Buidheachas/*Acknowledgements*

Thathar fo chomain aig luchd-deasachaidh nam foillseachaid-hean a leanas:

Acknowledgements and thanks are due to the editors of the following publications:

Across the Water (Argyll Publishing), *After the Watergaw* (Scottish Cultural Press), *Bealach Garbh* (Coiscéim), *Blithe Spirit, Cambridge Journal of Comparative Criticism, An Cànan, Celtic Heritage, The Celtic Pen, Cencrastus, Chapman, Comhar, Cùis-Ghaoil* (diehard), *Cyphers, Edinburgh: An Intimate City, Gairm, Geum, GroundSwell, The Herald, Lallans, Lines Review, Love for Love* (pocketbooks), *Markings, New Writing Scotland, Nomad, Northwords, Open Lace, The Order of Things* (pocketbooks), *Outposts, Poetry Scotland, Quarto, Scotland to the World to Scotland* (National Museums of Scotland), *The Scotsman, Scratch, The Shop, Skinklin Star, Southfields, An Teachdaire Gaidhealach, Things Not Seen* (Aberdeenshire Council), *An Tuil* (Polygon), *Understanding, Writing the Wind* (New Native Press).

taing taing taing taing taing taing taing taing taing taing taing
taing taing taing taing taing taing taing taing taing taing taing
taing taing taing taing taing taing taing taing taing taing taing
taing taing taing taing taing taing taing taing taing taing taing
taing taing taing taing taing taing taing taing taing taing taing
taing taing taing taing taing taing taing taing taing taing taing
taing taing taing taing taing taing taing taing taing taing taing
taing taing taing taing taing taing taing taing taing taing taing
taing taing taing taing taing taing taing taing taing taing taing

CEUD TAING

xi

1
Cùis-Ghaoil / *Affair*

you stand before me
rud beag a-mach às àite

like a facing page
translation sa chànan eile

UISGE SPÈ

Nan d' rachadh agam
Air a bhith na mo mhiann rud
Fad ceithir uairean air fhichead,
'S e 'n rud bu rogha leam a bhith
Nam Uisge Spè:

     Dh' èirinn air a' mhadainn
Agus, gus do bheothachadh,
Theirginn a-steach dhut nam ghloc-nid;

Nuair a thigeadh àm-lòin,
Chumainn blàths riut
Le bhith nam bhrot
Agus, às dèidh làimhe,
Dh' fhaodadh tu mo ghabhail nam bhradan-rèisgte
'S às dèidh sin a-rithist
Nam thaghadh de mhac-na-braiche
'S às dèidh sin fhathast,
'S dòcha
Gun tumadh tu annam tiota
Gus t' ùrachadh.

Oir tha mi cinnteach gun d' rachadh tu dha do leabaidh
Gu toilichte leam
     agus tha fhios agam cuideachd
Gun cumainn a' dol nam leum
Air do sgàth fad na h-oidhche.

CARTADH A' CHÈITEIN

Dhèanainn cartadh
Air mo chridhe 's air a' bhàthaich
Aig toiseach a' Chèitein
Gus rian a chur orra 's snas

SPEY WATER

If I could be anything I wanted
for 24 hours,
I'd like to be Spey Water.

I'd get up at the crack of dawn
and – to liven you up –
I'd enter you as a morning dram.

When lunchtine came
I'd keep you warm
by becoming a broth
and afterwards
you could have me as a smoked salmon
and after that
as a 33-year-old malt
and after that again
perhaps you could dip in me
to freshen yourself up

because I'm sure you'd go to bed
happy with me
and I also know
that I'd keep in spate
all night for you.

SPRINGCLEANING

I'll do one massive springcleaning
of my heart and the byre
at the beginning of May,
bring some order,
make them sparkle

Ach dè math nuair a thig thu fhèin air t' ais
Is tu nad chuileag-mheanbh
'S gun toir thu leat troimhe-chèile 's trulainn
Mar a thug thu leat a riamh?

MEALL

Mhothaich mi nach d' rinn thu dearmad
Idir air na solais
Gu lèir is a h-uile càil
Mar sin a chur dheth

'S a-nisde feumaidh mi m' aghaidh
A chur air a' mheall nìgheadaireachd
A dh' fhàg thu mun làr às do dhèidh
San drip gu teirgsinn air falbh

'S an *twin-tub* aosda tha sin thall
A dh' fheuchainn a chur air ghleus.

BRUADAR

Chunnaic mi thu nam bhruadar
'S tu gam shuathadh

Sa chuan fo astar
A' seòladh thugam san oidhche

'S gun lorg agam mun a' chladach
Sa mhadainn ach murrag-maidne.

but what's the point
when you steal back in
like a midge
bringing disorder, discontent
as you always did?

(Translation: Iain S. MacPherson)

HEAP

I see you never forgot
to turn off all the lights and that
and now I'm going to have to tackle
that great big heap of dirty
washing you left all over the place
in the rush to get away
and see if I can't somehow reactivate
that old twin-tub over there.

DREAM

I saw you in a dream, making
for my home port,

under a full head of steam
at night

and what do I find on the beach in the morning?
oh, just the usual flotsam and jetsam.

DRÙDHADH

'S math tha fhios agam
Gu bheil thu muigh ann an shin

Am bad air choreigin
Air àrainn an taighe

'S tu a' drùdhadh orm
Nad thighinn-thilgte.

DRAGHADH AIR M' FHUILTEIN

A h-uile mac oidhche th' ann
Bidh dithis a' draghadh air m' fhuiltein:

Air a' bhrat-làir fodham, mo leanaban
Agus, nam inntinn os a chionn,

San dorchadas a th' air chùl a chinn,
Fhathast, bidh is mo leannan.

AISLING

'S fheàrr leam thu nad ìomhaigh
A chì mi mu mo cheann
'S mi leam fhìn san dorchadas
Gun anail is gun bholadh
Gun agartas-cogais
Gun srann
Eadar a' chuibhrig
'S a' chluasag.

SOAKING

I bloody well know
you're out there

somewhere or other
round about the house

soaking through me
as damp in the walls.

(Translation: Iain S. MacPherson)

PULLING MY HAIR

every christly night
two pull on my hair,

my baby, down there on the rug
and above him, in my mind

in the darkness behind his head
still, my lover too.

(Translation: Iain S. MacPherson)

AISLING

I prefer you as an image
wound up round my head
alone, in darkness,
breathless, odourless,
no remorse,
no snoring,
between the duvet
and the pillow.

(Translation: Iain S. MacPherson)

DEUCHAINN-MHARA

Tha mi nam luing
A bhios tu fhèin a' cur air bhog
'S tu a' feuchainn ri deuchainn a chur orm
Ach fhad 's a chumas tu an ceangal
Ris a' chuan bho thìr-mòr
Cha bhi tàir' an uair sin agam
Tuineachadh mun a' ghrinneall
No coiseachd air an uachdar.

GLACADH
(après Ydor Morgan)

Dh' fheuch mi ri do ghlacadh an dealbh
'S tu anns a' bheinn, ris a' chliathaich

'S cha do sheall e cò aca
Bha thu ris no leis a' bhruthaich,

Dìreach gun robh mi fhèin às do dhèidh
Gad chall 's gad chall fad an ama.

DEARG NO GEAL

Dè ged a bhithinn
Nam fhìon dearg no geal

Nuair a leigeadh tu leam am bàs fhaighinn
Seach mo ghabhail,

An dàrna cuid leis an reothadh
No le bhith casg m' analach?

8

SEA TRIALS

I'm a ship
you launch,
to put me through my paces:

as long as you remain bound
to dry land
I'll have no bother at all
hanging out on the seafloor
or walking on the waves.

(Translation: Iain S. MacPherson)

CAPTURE

I tried to capture
you in a picture,
climbing in the snow

but it didn't show
whether you were
in descent or ascent

just
that I was a short distance
behind you and (I regret to say)
losing you all the way.

RED OR WHITE?

Me? Red or white?
Same difference,

seeing as you'd let me expire
one way or the other

either
by freezing or suffocating me.

CUILEAG-TSETSE

Rinn i às.
Rinn is ghabh a slighe
'S rinn damh criothnachadh
As dèidh dhan a' chuileag-tsetse
Deargadh beag eile chur na chluais
Ri linn bròn an t-samhraidh.

NAD ITEALAN

Chì mi bhuam thu nad itealan
Shuas ann an shin os mo chionn
'S cha lèir dhomh bhon taobh shònraichte
Sa bheil mi nam sheasamh air talamh
Co dhiù tha thu teannadh ri laighe
Nad shìneadh air mo bheulaibh
No ri dìreadh 's ri teireachdainn
Suas bhuam dha na sgòthan.

NEUL

Bha i agam na grèin os mo chionn
A chunnaic mi bhuam ann an aiteal
Gu soilleir fo bheul na h-oidhche

'S i chan ann ri laighe
Ach ga h-ithe 's ga creimeadh
Gus an robh i mu dheireadh
Air a còmhdach buileach glan
Air mo bheulaibh fo neul

Agus, an uair sin,
Ga glanadh às na speuran.

TSETSE-FLY

She's gone.

A stag shakes itself tormentedly
as another
wee bugger of a tsetse-fly
bites his ear
in the heatwave.

PLANE

I watch you as a plane
before me,
up there approaching a cloud
above my head:
it's not clear from where
I'm standing down here
whether you're about
to land and stretch out
in front of me or about
to climb out of sight.

CLOUD

She was like a sun above me
I saw in a glimmer
at dusk, clearly,

not setting
but in the process of being eroded
until at last
it was completely blanked out
there in front of me like a cloud

and then
being cleared out of the skies.

DEALBH

'S fheàrr leam thu nad dhealbh,
Nad dhealbh a tha fad' air falbh
Ann an eilean thall thar fàire

'S e gun a bhith ri trod rium
'S e gun srann aige
'S e gun a bhith dùsgadh san oidhche
'S a' glaodh orm fo ainm
Leannain air choreigin eile.

SPREADHADH

'S ann a rinn thu spreadhadh às a chèile
(No an ann às do chèile fhèin)
Gun fhiosda nam làthair 's air an spot

Agus seo mi fhìn, aon fhichead bliadhna nas fhaide,
'S iad fhathast a' toirt
Nam bìdeagan shrapnel às mo cholainn.

LOCH AN SGÀTHAIN

Dhearc mi an Loch an Sgàthain
'S chunnaic mi na bhroinn

Chan e mo choltas ach t' aodann
Fhèin a' togail ceann

Agus na cuileagan
A' suathadh ris an uachdar ann.

PICTURE

I prefer you as a picture,
a picture far away
on a desert island,

not nagging me,
not snoring,
not waking up in the middle of the night
and crying out to me
under somebody else's name.

SHRAPNEL

You exploded in front of me
(or expolded or exdopled, whatever)
without so much as a warning call

and here's me, some 20 years later
and they're
still removing the shrapnel.

MIRROR LAKE

I looked into Mirror Lake
and I saw

not my reflection
but your face,

flies
circling it.

AS DÈIDH CRON A DHÈANAMH ORT

Thàinig mi dhachaigh
A-nochd, anmoch,
As dèidh cron a dhèanamh ort
'S, fhad 's a bha thu fhèin
Shuas an staidhr' nad chadal-suain,
'S ann a theann mi, 's mi làn ciont,
Shìos anns a' chidsin
Air glanadh nan soithichean.

SGADAN

Tha thu nad sgadan, marbh
Air lic air mo bheulaibh,
Nad laigh' air do chliathaich
'S tha mi fhìn a' gabhail riut, ag obair
Ort nam chuibhlear –

Bidh mi a' gearradh mo chorraige
Le mo chutaig a dh' aona ghnothach
Gus am bi fuil mo làimhe
'S do chuid fhèin
A' sruthadh 's a' measgachadh ann an aon.

IOMAIRT

Thusa bhuam ann an cuideachd
Ag iomairt air cairtean 's air gaol
Mar aon chur-seachad
Nach do dh' fheuch mi fhìn, mo chreach,
Gu ceart ort fhèin a riamh

'S mi air leth air an iomall
A' gabhail beachd 's a' sealltainn air mar iomairt
'S gun de dh' fhios agam 's gun fhios fhathast
Air na riaghailtean ged a leiginn
A chaochladh orm daonnan.

AFTER DOING YOU WRONG

I came home
tonight, late,
after doing you wrong
and whilst you
were upstairs fast asleep,
I started, full of guilt,
down in the kitchen,
to wash the dishes.

HERRING

You're a herring, lying
on a slab,
dead before my eyes
and I'm a cutter
giving you big licks –

I cut my finger
with my gutter, deliberately
so that my blood and yours
pour and blend as one.

STAKES

Missing you in an intimate throng,
playing cards and love
as one pastime
I never properly tried out
on you.

I'm a rank outsider,
considering it my wager,
still clueless
about the rules
though I'd always choose
to play the bluff.

(Translation: Kevin MacNeil and Iain S. MacPherson)

SGÀINEADH

Mo smuain ort fhathast a' falbh an rathaid
Agus an sgàineadh
A tha sin air mo sgàilean
Dhan a mhothaich mi 'n toiseach
An-diugh sa mhadainn fhèin
A' dol am faid is am faid.

RODEO

Seo mi fhìn a-rithist,
Beul ri dhol suas air do mhuin,
Nam mharcach-rodeo;

Shaoileadh tu, às dèidh
Na dh' fhiosraich mi san t-suidheachadh ud,
Gun robh mi air faighinn
An uachdar air a' ghnothach

Ach, fhathast,
Nuair a dh' èireas mi dhan diallaid,
Tha fhios agam glan gur h-e tha romham
O ba ba bò bò hùrdaibh hò rò
Tuiteam.

GUTH NA CAILLICH

Tha 'n dithis againn
Nar suidhe nar suidheachain
Air beulaibh an telebhisein
'S e gun dath gun fhuaim

CRACK

Thinking of you driving along
and the crack on the windscreen there
I noticed only this morning
getting longer all the time.

RODYO

Hey, filly, it's me again
about to mount you
as a bareback rider.

You'd reckon after
what I'd learnt
last time out to the chute
that I'd ridden to the bell.

But, still,
when my butt
warms that saddle
I sure as shootin' know
yee-ha–yippie-aye-o
I'm gonna bite the dust.

(Translation: Kevin MacNeil and Iain S. MacPherson)

THE CAILLEACH'S VOICE

The two of us
are sitting in our chairs
in front of the television
without colour or sound

'S tha mise sealltainn
Bhuam air lasair an teine
'S i a' gabhail 's ag èirigh
'S a' falbh a-mach às an t-sealladh

'S thig guth na caillich nam chuimhne
'S i a' coiseachd a-staigh air an doras:
– A bhalgair gun fheum!
'S ann a tha thu air a leigeil bàs!

SGRÌOBHAINN

As dèidh dhomh a h-uile càil
A chur am briathran mu deidhinn,
Tha mi dol ga leigeil às,
Tha is dol ga fàgail,
Mar a bha i riamh, na sgrìobhainn
Aig taigh-tasgaidh a' bhaile
Far am faod i bhith na laighe
Gus an tig Là a' Bhreitheanais.

REUL

Thrèig ar gaol
Is rinn sinn dealachadh ga rèir
Ach 's ann a thug thu dhomh reul,
A dh' ainmich thu, gun fhiosda dhomh fhìn,
Air an rud a bh' eadrainn,
Gus an rud a chumail air chuimhne
Mus d' rachadh a thuiteam tron fhànas,
Mach à fianais
Is gus nach d' rachadh
A chumail suas anns an adhar

and I'm watching
the flames in the fire
as they take and rise
and disappear from view

and I'm reminded of the cailleach
as she walks in the door:
– You useless article!
You've gone and let it die!

MANUSCRIPT

After putting it all
in works concerning you,
I'm going to let it be
and leave it,
as it always was,
a manuscript,
at the museum
where it can lie
till Judgement Day.

(Translation: Myles Campbell)

STAR

The affair didn't last
and we split
but you gave me a star
which you named after
the whole business
(I didn't know about this)
to commemorate it
before it fell through the firmament,
out of sight
and so that it wouldn't be kept
up in the air.

'S cha d' fhuair mi riamh sealladh dheth
Bho chaidh e bho mo lèirsinn
Air falbh air feadh na cruinne
Na reul-sheachrain.

TIORMACHADH

Là dhe na làithean,
'S ann a ghabhas tu beachd orm fhìn
A-rithist is tu ris na soithichean
'S mus tèid do shùilean a mhealladh
Gu taobh, chì thu m' aodann a' sealltainn
A-mach à brèid an tiormachaidh.

LEANNAN

Nochd thu 's dh' fhàs
Thu orm fhìn mar leannan-sìdhe,
Gu ciùin, gun fhiosda

'S dh' fhalbh, air chleas
An t-sneachda
A thàinig anns an oidhche.

DÀ DHIOMEDE

Seall sinn, an aghaidh a chèile
Nar dà Dhiomede
'S mar as gèire dh' fhàsas an gnothach
'S ann a thèid ar toirt còmhla
Le aon loch reòthta
Na shìneadh na lic fo ar casan,
Gun ach caolas eadarainn
Agus crios-tìde gar sgaradh.

Not once have I seen that star
since it went
all over the universe, just like a comet.

DRYING

Some fine day
you are going to think about me
again while you're doing the dishes,
before your eyes are diverted
you'll see my face
looking up at you from the cloth.

PHANTOM LOVER

You came and grew on me
like a phantom lover,
gently, suddenly

and left, like
the snow
that comes in the middle of the night.

DOUBLE DIOMEDE

Just look at us, opposite
each other
like the two Diomedes

And the more the matter intensifies
the closer we become
with a frozen lake
like an icerink under our feet,
only a narrows
and a time zone between us.

21

BEITHIR

Chaidh thu nad bheithir a-muigh ann an shin,
Am falach am badeigin
Fo na coilltean mu Leitir Fura:

Ciamar a ghabhadh tu 'n t-eagal
Bho nach eil mi 'g iarraidh
Idir tighinn ad dhàil,
Dìreach a ràdh
Chimera tha?

SOITHEACH HIRTEACH

Agus a leithid
Spong is murag is tàcar
Is uighean-sìthein a' tighinn
Air tìr leis an t-sruth,
Nan ròd,
Nam brùchd fhèin
Shìos mun tràigh
Mun a bheil mi fhìn a' fuireach,

Cò aig' a tha fios, a ghràidh,
Nach tog thu fhèin ceann
A-rithist mun tiùrr
Ann an soitheach Hirteach
Agus *PLEASEOPEN*
Air a dhrùdhadh air a chliathaich?

FABULOUS CREATURE

You've become a fabulous creature out there
hiding somewhere
in the woods in Letterfura.

Don't be afraid.
I don't mean to harm you.
All I want to do is to say:

How ghost?

ST KILDA MAILBOAT

Wi aa yon
touchwid an driftwid, sea-spyle an fey's eggs,
yon hale kirn o sea trock sweelin in wi the tide,
doon bi the beach far I bide,

fa wad ken
that yersel, ma jo, wadna
bob up again, doon at the low watter
in a St Kilda mailboat
wi *PLEASEOPEN* scrattit alang its side?

(Translation: Sheena Blackhall)

ST KILDA MAILBOAT

With all that
touchwood and driftwood and sea-spoil
and fairy eggs and general seaware and stuff
coming in with the tide
down by the shore
which I live beside,

who can tell, dear,
that you won't suddenly pop up yourself again
down at low water
in a St Kilda mailboat
with *PLEASEOPEN*
scratched on its side?

23

A' FAIREACHDAINN T' FHÀILIDH

Bidh mi a' faireachdainn t' fhàilidh
A nochdas gu ciùin
Gun fhiosd' air feadh an àile
'S mi a' sreap ri cabar na beinne:

Dithis chearc-fhraoich air dùsgadh,
Na fèidh às dèidh sin
A' rùsgadh air falbh mar chuimhne
Gu h-obann gu dlùth na coille.

CATCHIN YER WAUCHT

I catch the waucht o yer scent
the merest thochtie o't
o a suddenty, throw the air
as I sclimm the ben:

Twa grice, frichtit
syne the deer
meevin aff like a flaucht
o memory,
tae the derkest pairt o the wid.

(Translation: Sheena Blackhall)

GETTING YOUR WHIFF

I get your whiff,
which appears subtly
and suddenly throughout the air
as I climb the mountain:

Two grouse roused,
then the deer
moving off like a flash of memory
to the densest part of the wood.

MAR FHIOSRACHADH

Dìreach mar fhiosrachadh –
Bho chaill mi thu
Tha mi air a bhith aig baile

A' cosg na tìde
A' rannsachadh 's a' leughadh
À la recherche du temps perdu.

CÒMHLA

Tha sinn còmhla,
Dìreach dhan ìre, ge-tà,
Sam bi, canaidh sinn, teanga
Balaich òig air a cur an sàs
Is glas an dorais reòta
Còmhla, 40 ceum fodha
Gun solas
Ann an Edmonton, Alberta.

THIS IS JUST

to say —
since you went away
I've been downtown

passing the time
applying myself to
A la recherche du temps perdu.

(Translation: Kevin MacNeil)

FOR THE RECORD

Just for your information —
since I lost you
I've been at home

spending my time
in a brown study, getting stuck in
to *A la recherche du temps perdu.*

TOGETHER

We're together,
but only in the sense
that a boy's tongue
and the lock of a frozen door
40+ degrees below
in the dark
in Edmonton, Alberta
can be said to be together.

AODACH DUBH

Bidh mi fo aodach dubh
'S chan ann mar anart-caoinidh
Dìreach ach an dèan mi tuilleadh
Den a' ghrèin a chuir thu mach
'S a dh' fhàg thu às do dhèidh
Nuair a thug thu air falbh
A shùghadh a-steach
Agus a ghleidheadh.

BOTAL BEAUJOLAIS

Bu tu am botal Beaujolais ud
A dh' fhosgail mi 's, aon uair
'S gun do dh' fhosgail, a chaill a bhlas

Is, bho nach do chuir mi crìoch air
Dìreach anns a' bhad,
A chaidh am mùthadh

'S nach fhaodainn a ghleidheadh fiù 's
Ged a bha mi air a chòmhdach
Le cochall-brèige

'S a thàinig gu dòigheil
Fhad 's a mhair e,
Air a shon sin, ri mo chàil.

SPAGHETTI

Och, a spaghetti uasail
A tha thu ann, a ghràidh,
Cho blasda 's a tha thu ri blasadh,
Cho duilich
'S a tha e 'n còmhnaidh
T' fhaighinn mar ghrèim na mo bheul!

BLACK

I wear black,
not in mourning
but so I can absorb
and retain more
of the sun you emitted
and left behind you
when you upped and went away.

BOTTLE OF BEAUJOLAIS

You were the bottle of Beaujolais
that I opened, and no sooner
opened, lost its bouquet

And, because I didn't polish it off
there and then,
went flat

but which I couldn't preserve
even by covering it
with a false stopper

and which, as long as it lasted,
for all that, I found
perfectly palatable.

SPAGHETTI

You lovely spaghetti, you!
So tasty,
so difficult
to get just a tiny bite
into my mouth!

IOLAIRE BHUIDHE

Tha thu nad iolaire bhuidhe
Nach fhaicear anns na speuran
Ach uair ainneamh.

Bidh mi fhìn a' ruith air na taighean
'S a' faighneachd dhe na daoine:
An robh i ri faicinn an-diugh?

No, fiù 's:
Càit' on t-saoghal
A bheil a nead?
No co-dhiù: *càit' an deach i às,*
Air chleas aon dhe na desaparecidos?

Cha bhi iadsan
Ach a' crathadh an ceann
Tà, 's gam chur bho dhoras
'S ag ràdh nach d' fhuair iad cead
A leithid a leigeil mu sgaoil.

ANNS A' CHATHAIR

Chunnaic sinn là mòr –

Tha mi nam bhodachan
'S mi air mo shìneadh air ais anns a' chathair
'S a' sealltainn a-mach air an uinneig

'S a' cuimhneachadh
Gu bheil mi 'n geall ort fhèin
Cho mòr 's a bha mi riamh

Agus glas a' cur air do ghruaig
'S a' ghrian am bun nan speuran
A' falbh oirnn air uilinn.

GOLDEN EAGLE

You're a golden eagle,
rarely seen in these parts.

I go round from house to house,
asking folk:
Any sign of her today?
or:
Where is her nest anyway?
or: *Where has she disappeared to,*
like one of those desaparecidos?

But all they do
is shake their heads
and close the door,
saying that they've no authority
to divulge such matters.

IN THE CHAIR

We've been through a lot –

here I am, an old man,
stretched out in the armchair,
looking out the window,
just as attached to you as ever,
you greying
and the sun on the horizon
slowly nodding off.

LEÒMAN

Chan eil thu buileach fad' às:
Tha thu nad leòman
Ri sgiathalaich mun t-solas
A-null 's a-nall os mo chionn,
Air nach ruig mi a dh' aindeoin
Cho faisg orm 's a tha e
Agus an oidhche
Ri bagairt mun lòsan.

RUITH

Ruith thu fhèin às mo dhèidh an toiseach-gnothaich
Timcheall 's timcheall 's timcheall 's timcheall
Air a' bhòrd anns an t-seòmar-shuidhe
'S rinn sinn gàire le chèile
'S dh' fhàs an dithis againn sgìth,

Uimhir 's gun canadh neach nach robh 'n làthair
Gur h-e mi fhìn a bha san tòir
Ort fhèin air a' cheann thall.

AIREAMH

Chuir mi sgairt thugad a-nochd
Is abair gun robh thu laghach!
Thuirt thu a h-uile sian
A bha mi 'g iarraidh cluinntinn –
Bha a h-uile facal agad
A' freagairt air mo mhiann

MOTH

You're not far away –

you're a moth
fluttering back and forth
around the light above me,

which I can't reach, however near,
as the night
menaces the window pane.

THE CHASE

At first you were the one chasing me
round and round and round and round
the sitting-room table
and we burst out laughing
and both began to flag

so much that anyone who hadn't seen us
would have said by the end
that I was the one after you.

(Translation: Meg Bateman)

NUMBER

I called you tonight
And how lovely you were,
Saying everything
I wished to hear;
Each word
A response to longing.

Agus, air a' cheann thall,
Chaidh an àireamh a chuir mi a ghleidheadh
Air clàr am broinn an innill –

Neoni a h-ochd a naodh a h-aon . . .

OR

Faodaidh tu aithneachadh
Gur h-e tha nam chridhe cridhe òir:
Tha fhios a'm gu bheil seo fìor
Agus òr ga bhreacadh 's ga iadhadh
'S e na shoitheach-crèadha de dh' obair cruain dhealtraich
A linn Yung-lo no Wan-li no Shun-chih
Agus comharradh air
Gun deach a bhriseadh
'S a phronnadh na phristealan uair
Is, às dèidh sin, a chàradh.

★

Nochdaidh do choltas air mo bheulaibh
'S bidh mi fhìn a' cur ainmeir air
Is aig toiseach an ainmeir
Bidh mi cur ★ os a chionn,
Chan ann air sgàth an t-solais
A bheir an reul na cois,
Dìreach air sgàth an teagaimh
A bhios mi fhìn a' cur ann.

And at the end,
I kept your number
On a note inside a drawer.

Nine – eight – nine – one . . .

(Translation: Donald S. Murray)

GOLD

You can tell
My heart was cast from gold;
An unshaded truth
That its precious weight
Was engraved and shaped
Like a china-plate
Shaded scarlet
From the days of Yung-lo,
Wan-li or Shun-chih
With a mark
Allowing men to know
That it was once
Splintered and shattered
Till its fragments were recast
And repaired.

(Translation: Donald S. Murray)

*

your likeness appears before me
and I name it, a noun
prefixed and just above it
I put an *
not for the light
the asterisk might shed,
just for the doubt
I bring to it myself.

(Translation: Iain S. MacPherson)

TRÀIGH

Chaidh mi ga siubhal air feadh an àite
'S thuirt luchd mo chomhairle
Gum faighinn lorg oirre shìos anns an tràigh
'S chaidh mi thar na machrach ga h-iarraidh
'S cha robh lorg oirre idir –

Nach neònach sin – thuirt luchd m' eòlais –
Oir 's ann a bha i muigh ann an shin,
Mura b' ann an ceartair,
Bha bho chionn gann
Trì uairean air ais.

TIDE

I caad fur her aawye
an the advice I wis gaen wis this . . .
Ye'll finn her doon bi the machair
sae I crossed the long beach
bit feint the hair o her!

Weel weel, yon's unca, quo ma friens.
She wis there,
if nae eenoo,
three oors sinsyne,
as far as we can myne!

(Translation: Sheena Blackhall)

BEACH

I went looking for her all over the place
and I was advised
I would find her down on the beach
and I went over the machair in search of her
and there was no sign of her at all –

Isn't that strange – said my friends –
for she was out there,
if not some minutes past,
then scarcely
three hours since.

(Translation: Myles Campbell)

THILL THU

Thill thu a-nochd
Agus dh' fhalbh an sileadh
A bh' air a bhith ann bho mhadainn
'S gun do sgap na sgòthan

Agus an làrna-mhàireach
'S ann a nigh mi m' fheusag anns an driùchd.

AM-CAOCHLAIDH

Nuair a bhios tu gam leigeil air falbh,
Feuch gun gabh thu rium air do shocair

Dìreach mar a ghabhas a' chraobh
Ri tilgeil nan duilleagan

An àm-caochlaidh nan dathan
Mu mheadhan an Fhoghair.

THUSA ROMHAM SA MHACHAIR

Bho àm gu chèile,
Togaidh thu do cheann

Mar bhròg-na-cuthaige
'S, aig amannan eile,

Nad chluaran
Air neo nad tharraing-air-èiginn.

YOU CAME BACK

You came back tonight
and the downpour
which had been there since morning
disappeared
and the clouds scattered

and in the morning
I washed my beard in the dew.

THE ALTERING TIME

When you are letting me go
be gentle and slow

as the tree is
when it casts its leaves

in the time of altering hues
in the middle of autumn.

(Translation: Iain Crichton Smith)

YOU ON THE MACHAIR

Sometimes you pop up in front of me
Like a heart's ease
And at other times like a thistle.

BODACH-RÒCAIS

Tha mi romhad san achadh,
Nam bhodach-ròcais,

Anns an dorchadas
Gun bhad aodaich.

CLUARAN

Ghabh mi grèim ort nad chluaran,
As dèidh na fhuair mi de rabhaidhean
'S mi nam phàisde

'S chuir mi 'n cluaran san lìnig nam phòcaid,
Eadar mo chridhe
'S mo bhod.

AINM

Là bha seo, tharraing mi a h-ainm sìos air an tràigh
'S nochd faoileag 's rinn i gliagail gu h-àrd os cionn a' bhàigh
Nachtigthuairaisthugamanainmanàigh.

TOISEACH A' GHIBLEIN

Aig toiseach a' Ghiblein
'S ann a chuir thu fhèin
T' uaireadair air thoiseach
Uair an uaireadair
'S, aig an aon àm,
'S ann a chuir mise, nam amadan,
An diabhal rud uair air dheireadh
Is, anns an ùin' eadar
An dà rud a bhith gan cur,
'S ann a theich thu orm,
Nad bhruadar
Nach do mhair umam fo mhadainn.

SCARECROW

I stand before you, a scarecrow, right
There in the middle of the field

In the middle of the night,
Bollock-naked.

THISTLE

I picked you up like a thistle
For all I was warned
As a child

And put you in the lining of my pocket
Between my heart
And my willie.

NAME

On the shore I drew her name one day
and a seagull came and shrieked above the bay
won'tyoucomebacktomeinGod'sname.

(Translation: Iain Crichton Smith)

THE BEGINNING OF APRIL

At the beginning of April
you put the clock forward an hour
and I at the same time, like a fool,
put the damned thing backward
and in the time
between the two
you moved away from me
and became like a dream
that did not stay till morning.

(Translation: Iain Crichton Smith)

41

AITEAL

Tha na bùird falamh
Ann an oisinn an taigh-ithe
Far an tathaicheamaid uair

'S an solas a' deàrrsadh
Mun uachdar
Na aiteal na mo ghlainne.

AODANN

Och, aodainn ud an uaireadair
A tha thu ann;

'S ann a bhios tu gam dhùsgadh gu suthainn
As mo shuain san dorchadas,

A' drùdhadh orm nad chlaban-bàis
A' deàrrsadh à cùl an t-seòmair.

GLEAM

The tables are empty
in the corner of the eating-house
we used to haunt

and the light is still shining
around the top/cream
as a glimmer in my glass.

FACE

You old clockface, you!
Forever waking me in the dark,
bearing down on me like a death's head
glowing in the corner of the room.

2
Bealach Garbh
(*OS Landranger 32 577047*)

DÌREADH

Agus an leathad
A' dol an caisead 's an caisead,

Eiridh m' aire
Dìreach mar a dh' èireas mo bhod,

Treaghaid
An com na beinne.

CLEASAN

Tha cleasan
Rintogail bho shiubhal nam brùgan:
Mar as buige tha uachdar na talmhainn
'S ann as luaithe uaireannan
Bu chòir toirt dha na buinn
Mus tèid am bogadh ann,
Rud a bhuineas do cridhe duin' aig amannan
A bharrachd air a chasan.

CLIMBING

As the slope of Beinn na Caillich
Gets gradually steeper, hard,

My awareness is heightened
Just like my willie,

A stitch
In the mountainside.

TRICKS

there are tricks to be got
hillwalking:
the softer the earth's surface
the quicker at times
you should head for the hills
before getting bogged down;
it's got something to do with a man's heart
at times
as well as his feet.

(Translation: Iain S. MacPherson)

BLOIGHEAN

Creag na Bà rò hùrdaibh hò rò hug oireann
Tòrr an Daimh o ba ba rò bhinn e
Ard Snaosaig hillinn a hò:
                          Dearbhadh mar a tha
Bloighean na Gàidhlig fhathast fon t-sneachda
Mu na slèibhtean ìsle nan laighe
'S àm-leasachaidh an Earraich ann.

LÒINEAGAN

Theich thu orm air làithean-saora
Leat fhèin dha na beanntan
San taobh thall den Roinn-Eòrpa
'S chaidh m' fhàgail a-bhos
Aig baile 's aig beinn m' eòlais
Ach tha fhios nach fhaod mi gearan
Bho dh' fhàg thu lòineagan-sneachda
('S iad a' leaghadh 's a' sìoladh às)
Mun a' bhaile mar chuimhneachan.

48

SCRAPS

Creag na Ba, word up homie
Torr an Daimh, funk soul gael o
Ard Snaosaig, bring it down now:

                       proving how
scraps of Gaelic lie,
still under snow
round the lowest slopes
and the spring reformation
come.

(Translation: Iain S. MacPherson)

FLINDERS

Creag na Ba ro hirdie horo hoo orran
Torr an Daimh o ba ba ro binn e
Ard Snaosaig hillinn a ho:
 an aa giein prief
o Gaelic flinders aneath the snaw
liggin atour the laighest muirlans
bidin still for the brairdin Spring.

(Translation: William Neill)

FLAKES

you took off on holiday alone
to Europe's farside hills
and I was left, here
in town, my mountain home
though I know I can't complain
since you left me some snowflakes
(melting, reducing)
round town, a souvenir.

NAM IOMRALL

Tha mi nam iomrall ann an Sgùrr Alasdair
'S mi feitheamh 's a' feitheamh
Gus an tig thu 'n làthair nad helicopter
Gus mo thoirt slàn
Agus na sgòthan shìos nan dubhar
'S gun smùid agam ged a bhiodh tu faisg air làimh
Co dhiubh 's e thu fhèin
A bhiodh agam ann an da-rìribh
No dìreach sgal-creig' os mo chionn.

SLIASAIDEAN

Dh' fheuch mi ri dealbh
A tharraing de Sgùrr na Strì
Mar chuimhneachan air na làithean
A bh' againn 's a dh' fhalbh

Ach 's ann a thàinig e mach clì
Na dhealbh dhìot fhèin
Is cruth do shliasaidean a' nochdadh
Far am bu chòir leathad 's cliathach.

DÌTH NA LÈIRSINN

Chaidh mi air ais dhan a' Chuiltheann
As dèidh dhut falbh anns a' Ghearran

'S rinn mi strì ri Blàbheinn
Ach an cuirinn thu às m' inntinn

'S ràinig mi 'm binnean
'S nochd ceò às na seachd speuran

Is shaoil mi, le dìth na lèirsinn,
Gun do phòg thu mi air na bilean.

LOSING THE PLOT

I've lost the plot on Sgurr Alasdair
waiting, watching
till your 'copter comes through
and rescues me, whole
and the blackening clouds below
unsure, even if you were here
whether it's really you
or just an echo overhead.

(Translation: Iain S. MacPherson)

THIGHS

I tried to draw a picture
of Sgurr na Stri
a token of the days
spent by us
but it came out all wrong
a picture of you,
the shape of your thighs
where slope and rise should be.

(Translation: Iain S. MacPherson)

BLINDNESS

I went back to the Cuillin
after you'd left during winter
and climbed Blaven
to get you out of my mind
and reached the top
and a thick mist descended
and imagined, in my blinded state,
that you had kissed me on the lips.

CEANN-TEAGAISG

Chan eil ceann-teagaisg agam
A dh' fhaodainn a chur a-mach nur làthair
Ach, aig a' cheart àm,
'S ann a fhuair mi 'n t-saorsa
Suidhe leam fhìn air tolman
Air neo seasamh an àird' air palla,
Ri conaltradh ris a' Chuan Mhòr,
No ris an fhraoch rim chasan.

NAD CHUILTHEANN

Tha thu bhuam nad Chuiltheann
Nach fhaic mi aig a' cheò

Ach air cùl an t-solais-air-èiginn
'S ann a chì mi deò

A chumas blàths air m' àrainn
Is leus rium rim bheò.

DÀ MHULLACH

Bha sinn nar dà mhullach
Blàbheinn anns a' gheamhradh

Gus an do nochd an leaghadh
'S an t-aiteamh air feadh an àite

Le teas ùr an Earraich
Gar cumail bho chèile.

TEXT

I have no text
to put before you
but, then again,
I've been granted the freedom
to sit alone on a hillock
or stand on a clifftop
communing with the Atlantic
or the heather under my feet.

CUILLIN

You're over there, a Cuillin
I can't make out for the mist

But behind the meagre light
I can see a spark

providing heat and light
as long as I'm around.

TWO SUMMITS

We were like the two summits
of Blaven in wintertime

Until the thaw started
left right and centre

and the fresh heat of spring
drew us apart.

EUCHD

Bha fhiosam gun robh mi air do chall
Nuair a chuala mi 'm fathann
Gun robh thu, mu dheireadh thall
'S a-bhos, air euchd a thoirt a-mach
Nach tug thu riamh nam làthair,
Feasgar Didòmhnaich sa chaidh –
Am Binneannachgabhruigsinn
A ruigsinn le do leannan ùr.

CÒIG PEATHRAICHEAN CHINN TÀILE

Dhèanadh do chridhe 's do làmh m' fhasgadh
Mar Chòig Peathraichean Chinn Tàile

Ach thàinig cathadh
'S an uair sin beum-slèibhe

'S ghluais do chridhe 's do làmh
A-null gu dùthaich eile.

AODANN

Nuair a chuimhnicheas mi air t' aodann,
Bidh mi ga shamhlachadh ri aodann creige
Ris an robh mi sreap leam fhìn
Riamh o thoiseach ùine

'S tha mi fhathast shuas ann an shin, crochte
Air teud 's air èiginn
'S tusa fhathast os mo chionn,
Diongmhalta, dìreach, daingeann.

FEAT

I knew I'd lost you
when I got wind
that, after years and years of trying,
you had cracked it
(something you never had with me):

just last Sunday
you bagged the Inaccessible Pinnacle
with your new love.

THE FIVE SISTERS OF KINTAIL

Your heart and hand used to envelop me
like the Five Sisters of Kintail,

then there was a blizzard,
then a landslide

and your hand and heart
shifted en masse.

A FACE

when I recall your face
I compare it to a rockface
on which I climbed alone
from the very start

and I'm still up there
hung on a cable,
just
and you overhead,
firm, straight, unyielding.

(Translation: Iain S. MacPherson)

55

DAMH

Seall orm 's mi nam dhamh
Nam aonar an taobh thall na beinne
Far nach cluinn thu mo chuid bùirich
Fo gheurad na gaoithe glaise.

SA MHONADH

Thug mi orm dhan a' mhonadh
Anns an Dùbhlachd nam aonar

'S bhuail e orm nach e idir
Gun tug thu fhèin às,

Dìreach gu bheil an raineach
Fo mo chasan air a dhol air ais.

BEINN

Bhon a rinn thu fhèin teàrnadh,
'S ann a dh' fhàg thu mi nam bheinn mi fhìn,

Fa leth bhon a' chòrr sa chòmhlan
Is an sneachda fhathast mun a' mhullach,

Gu teann
Ri deireadh a' Ghiblein.

STAG

Look at me – a stag
on the far side of the mountain
where you can't hear me bellowing
in the bitter grey wind.

ON THE MOOR

I headed for the hills
alone in december
and it struck me then
it wasn't that you had hit the road
but only that the bracken
underfoot
had receded.

(Translation: Iain S. MacPherson)

MOUNTAIN

Since you made your descent,
you've left me like a mountain myself,

separate from the rest of the group
with snow still around the summit

close
to the end of April.

CAOCHLADH

Cha tàinig mùthadh
No atharrachadh ort fhèin,
Cha tàinig ach air an taobh
Sam bi mi sealltainn rid aodann,
'S mi mar gum b' ann a' siubhal
Ann an caochladh innil
Air ais thar bealach m' eòlais:

A' gluasad ri bonn Beinn Sgritheall
Air a' charbad-iarainn
Air neo nam helicopter shuas
Os cionn mullach a' Chuilithinn
Air neo nam shoitheach-fo-thuinn
A' seòladh fon a' chaol
Eadar mi fhìn 's tu fhèin.

FUADACH

Smaoinich! Thus' air t' fhuadach
'S air do dhìteadh air an imrich bhuam
Gu taobh thall a' chuain –

'S ann air èiginn
A ghabh mi buille-sùla den ainm
Am fiaradh cliathach an t-soithich
'S e druidim a-mach bhuam air a' mhadainn:

An Cuiltheann.

TINNEAS-MULLAICH

Bha h-uile dùil agam riamh
Gun ruigeamaid air a' mhullach le chèile
Ach 's ann a chaidh sinn a-mach à synch,
Gus an do dhealaich sinn
Mus d' ràinig sinn mullach na beinne

CHANGE

You haven't changed.
What has changed is the point
from which I look at your face
as though I were travelling
in a new model
back on old familiar ways:

at the foot of Ben Screel on the train
or in a helicopter above the Cuillin
or in a submarine
plying the narrows
between you and me.

CLEARANCE

Imagine! you evicted
and exiled
to the other side of the pond.

I could just about make out
the name on the side of the vessel
moving away from me in the morning:

The Cuillin.

SUMMIT FEVER

I had always imagined that we'd reach
the summit together
but we went out of synch
and split up
without reaching the summit

Ach tha 'n tinneas-mullaich,
Mar a thuigeas tu fhèin, a luaidh,
A' cur orm fhathast is gun sgur
'S cha lasaich gus an ruig mi 'm binnean
'S do dhealbh na laighe fom chomhair.

CLACH

Seadh, 's ann a tha mi nam chloich,
Gu daingeann ri cliathach na beinne,
Ach gabh thusa rium air do shocair
Oir chan eil innse
Air cho cugallach
'S a dh' fhàsainn
No dè 'n rathad a ghabhainn idir
Ach a-mhàin gun d' rachainn leis a' bhruthaich
Aon uair 's gun d' rachadh mo dhùsgadh
Ach thusa nochdadh gu h-obann.

SNEACHDA

Thuirt feareigin mud dheidhinn
Gun robh thu air a dhol nad bheinn
Air an robh sneachd' air tuiteam às na speuran
As ùr mu dheireadh a' Chèitein.

'S thuirt mi fhìn nach robh
Bhon a bha 'n dearbh shneachda
Air a bhith na laighe mu mhullach
Na beinne bho chionn fhada.

SAMHLA

Thug mi leam fhìn chun na beinne,
A-mach thar crìochan a' bhaile
'S mi, mar gum b' eadh
A' dol am fiadh,
'S thachair mi ort air mo shlighe —

but (as you'll appreciate)
I've still got a touch of the old summer fever
and it won't go away until I reach that summit
with your form lying there before me.

STONE

Aye, I'm a stone,
firm against the side of the mountain,
but just you go easy on me
for there's no telling
how unstable I might become
or what way I might go
except to say I'd go downhill
as soon as I was aroused
if you appeared before me suddenly.

SNOW

Somebody said
that you had become a mountain
on which fresh snow
had fallen
at the end of May

and I said: no,
that snow has been lying
up there by the summit
for quite some time now.

SHADE

I took to the hills
beyond the village
as though I were off hunting the deer
and met you on the way.

'S ann a bha thu nad shamhla fo mo chomhair
'S, ged 's ann leam fhìn gun teagamh
A bha mi siubhal an astair,
'S ann a bha mi coiseachd rid thaobh
Agus thusa ri coiseachd nam aonar.

BUINN

Chan fhàg mac-meanmain idir,
Air cho geur 's gum biodh e mar obair,

Gum bi buinn mo chasan a' faireachdainn
Gu bheil iad air an ais ri coiseachd

Air feadh an fharaoich a tha cho fada thall an sin
Ho roho hì ri bonn Beinn a' Bhràghad.

MULLACH AN T-SÌTHEIN

Leig leis na th' air fhàgail falbh
Ach an triall mi fhìn 's tu fhèin siar

'S an dèan sinn seasamh thall an sin
Shuas air mullach an t-Sìthein

Gus ainm a thoirt às ùr
Air a h-uile beò is marbh.

AN TÈ A BH' ANN

'S ann a bha thu nad bheinn ag èirigh
Air fàire bhuam 's nam fhianais
Gun fhiosda fad na tìde
'S gun de dh' fhios agam fhìn, mo ghòraiche,
Gur h-e bh' annad Munro gun teagamh
Bho nach deach do chur am follais
Air a' chlàr leis an OS
Is nach do dh' fheuch mi fhìn, mo nàire,
Ri do thomhas ceart a riamh.

You were a shade before me
and although I was walking on my own
I was walking beside you
and you were me walking.

SOLES

No amount of imagination
is going to convince my heels
that they can feel they're back walking
on those moors so far away
ho roho hi ri at the foot of Beinn a' Bhraghad.

ON TOP OF THE FAIRY KNOLL

Let what's left go to hell
and let's go back

and stand over there
on top of the Fairy Knoll

and give a fresh name
to everything living and dead.

HERSELF

You were always there, a mountain
rising up on the horizon before me
and I never twigged – how crass! –
that of course you were a Munro
since you hadn't been recorded as such
on the OS
and, damn fool, I never tried
to get your precise measure.

HAIKU

A-muigh fo dhubh a' gheamhraidh —
Mo ghuth ga thachdadh
Leis a' gh anns a' ghaoith.

Out in the depths of winter
my voice choked
by the wn in the wind

DÀ EILEAN

Ged a tha sinn dlùth
Gu leòr 's mòr aig a chèile,

'S ann a tha sinn, às dèidh sin,
Fhathast nar dà eilean fa leth

'S chan e linne
No caolas ach Cliseam eadrainn.

MÒINTEACH
après Basho (1644–94)

Mòinteach — treòraich m' each
Dhan àite sam bi na h-eòin a' ceileireadh.

CUARAIN
après Shiki (1667–1702)

Feur an fhraoich —
Cuarain fhathast cùbhraidh.

TWO ISLANDS

We're close enough
but still two separate islands
with not a sound
but a Clisham between us.

MOOR

moor – guide my horse
to where the birds sing.

SANDALS

heath-grass –
sandals still fragrant.

A' COISEACHD

A' coiseachd anns a' bheinn
Agus tu fhèin a' cur air m' aire;
Seadh, seadh, na caochain
Nach fhaic sùil Mhic an Duine!

DHARMA

Thug mi leam thu gu mullach an t-Sìthein,
Feuch an dèanainn t' ionnsachadh:

Thog mi dìthean an àirde,
Dìreach air do bheulaibh

'S rinn thu fhèin aon lasgan-gàire
Nam aodann.

SLOC

Nuair a chailleadh am bodach,
Rinn mi meòmhrachadh air an là sin shuas air a' mhòintich
A shuidh mi air bil' a' phuill
A' coimhead air fhèin 's air na balaich eile
Gan cur thuige sa mhòine

'S gun deach mo bhròg
Mu sgaoil, dìreach mar sin –
Slllllluig. Gllllllug.
Na dìosgaidh-dàsgaidh
Dìreach romham air mo bheulaibh,
Sìos dhan t-sloc a bh' ann
Ann am fianais mo shùl.

66

WALKING

Walking in the hills
with you
on my mind.

Aye, aye
those wee blind rills
you just never see!

DHARMA

I took you up to the highest point
to try and instruct you.

I picked a flower
and held it up before you

and you, you
just laughed out loud in my face.

PEATBOG

When the old boy died,
I started thinking about that day on the bog
when I sat on the edge of the peatbank
watching him and the other men
working away at the peats

and my welly came loose,
just like that
slllllllug
down into the peatbog
before my very eyes.

BEINN MOGHAOIL

Seadh, a Bheinn MoGhaoil ud
San robh mi eòlach uair
'S tu air teannadh ri leaghadh
As dèidh nam mìltean air mhìltean
De bhliadhnaichean de reothadh,
Saoil gu dè na corpain
A thig ris fod uachdar
A rèir is mar a thèid
An leaghadh air adhart 's an t-aiteamh,
A rinn sreap ri do dhealbh
'S ri do chruth, na gaisgich,
'S nach d' ràinig am binnean a riamh,
Nan laighe beul fodha shìos mun a' bhall
Far an do thuit iad, air an call?

BÌOGADAICH

Tha eun beag nach aithnich mi sa bhìogadaich
Fon fhraoch mu Loch MhicCharmhìcheil ud thall,

Ri ceileireadh
No 's dòcha na inneal-rabhaidh teine;

Gu b'e dè tha e ris, bheir mi 'n aire
Dha na tha e feuchainn ri chur an cèill.

BEINN MOGHAOIL

Yes, Beinn MoGhaoil
I once knew
having begun to melt
after millennia and millennia
of glacial years,
I wonder what corpses will appear
under your surface
as receding thaw progresses,
those who climbed your face,
your form,
tha daring ones
that never reached the summit
lying facedown at your base
where they fell bewildered?

(Translation: Iain S. MacPherson)

CHIRPING

There's some sort of birdie or other
Chirping away in the heather

Over there by Loch Carmichael,
Singing or perhaps engaged in a fire drill;

Whatever he's up to, I'll pay
Attention to what he's trying to say.

LEADAN

Bealach a' Chruidh
Bealach an Loin
Bealach an t-Sionnaich
Bealach Coire na Circe
Bealach Eadar dà Bheinn
Bealach a' Ghlinne
Bealach Garbh

Beinn na Creiche
Beinn Dubh a' Bhealaich
Beinn na Caillich
Beinn na Grèine
Beinn an Eòin
Beinn nan Lochan
Beinn an Teallaich

Cnoc nam Fitheach
Cnoc na Cubhaige
Cnoc Leathann
Cnoc Glac na Luachrach
Cnoc an Teine
Cnoc a' Chlachain
Cnoc an Sgùmain

Coire Fuar
Coir' Fhearchair
Coire na Cìche
Coire na Circe
Coire nan Laogh
Coire Rèidh
Coir' a' Mhadaidh

Loch an t-Seachrain
Loch nan Clach
Loch an Iasgaich
Loch an Ime
Loch a' Ghlinne
Loch an Eilein
Loch nan Uamh

Sgùrr an Easain Dhuibh
Sgùrr an Fheadain
Sgùrr a' Chàise
Sgùrr na h-Iolaire
Sgùrr Sgùmain
Sgùrr nam Fiadh
Sgùrr nan Caorach

Tional nam monaidhean
Gu cruinn na phobal
No mar Ortha nan Gaidheal
A bhios gan seinn
Am fianais Rìgh nam Beann
Mun fhlathas agam fhìn
Gu saoghal nan saoghal
Amen.

SANAS

Thachair gun do thog mi do ghuth
'S mi siubhal nam aonar air an rathad

'S bhruidhinn thu rium fhìn gu dìreach
Bhon an stereo agam sa charbad

'S lean mi thu tron a' cheò
A nochd far cùl na beinne

'S chaill mi do shanas beò
Ann an uaigneas glinne.

SGARTHANAICH

Tha mi a' cur seachad a' gheamhraidh leam fhìn
Ann am bothan
Air an taobh thall
Dhen a' bheinn.

(Assembly of hills
gathered together like a congregation
or the collection *Carmina Gadelica*
chanted in the presence
of the Most High
in my own Parnassus
life without end
amen.)

SIGNAL

I happened to pick up your voice
as I was driving along alone,
you speaking right to me
from the car stereo,

And I followed you through the mist
that appeared from behind the hill
and I lost your live signal
in the loneliness of a glen.

(Translation: Meg Bateman)

DAWN

I'm spending the winter on my own
in a cabin
on the other side
of the mountain.

Bidh mi 'g èirigh sa mhadainn
Is a' seasamh dreis
Is a' sealltainn air an neonitheachd a' sìneadh
Eadar mi fhìn 's am fànas,
Ann an sgarthanaich a tha balbh,
Mealltach, bagrach, nimhneach,
Seadh, is corcair fhèin.

Air ais aig an taigh,
'S ann a tha aon fhacal
Gus a leithid sin air fad a chur an cèill.

CAMERA

Ghlac mi iad na mo chamera
Bhon talamh àrd an taobh thall an locha,

A' gleac, an tòir
Air an aon bhreac no bradan:

Mathan dubh
Is mathan bàn mu Bhràighe na h-Aibhne

'S a-rithist mu bhruach Loch Bhras d'Or
Thall ann an Ceap Breatann,

'S iad nam piuthar
Is bràthair

'S gun a bhith
Ann an ugannan a chèile.

I get up in the morning
and just stand there for a minute or two
looking at the nothingness
stretching out between me and space
in the dawn which is silent,
deceptive, menacing, venomous
aye, and lilac.

Back at home
we can express all that
with just one word.

CAMERA

I've captured on camera
from the high ground on the other side of the lake,

striving after
the same salmon or trout –

a black bear
and a white bear, Barney's River

or again by the shore of Lake Bras d'Or,
Cape Breton –

brother
and sister

not
at each other's throat.

WILDERNESS POETRY

Siud e fhèin
Ri dhuan *wilderness*,

A' dìreadh ris a' Bheinn Fhuair
Mun a' bhealach ud shìos,

A' sìneadh eadar
An seòmar-cadail 's an taigh-mùin.

WILDERNESS POETRY

There he goes again,
himself and his wilderness poetry

climbing Cold Mountain
by the passage

between
the bedroom and the loo.

3
Tionndaidhean / *Versions*

Sijo 's Hansai à Korea
à Slow Chrysanthemums *le Kim Jong-gil*

AIR OIDHCHE FHLIUCH FHOGHAIR
(Ch'oe Ch'i Wòn)

Nach searbh mar a thig mo dhuan
Air gaoth an fhoghair;
Cho beag a chàirdean agus a th' air
A bhith agam fad mo bheatha riamh.

Tha uisge meadhan-oidhche
Ri sileadh an taobh a-muigh na h-uinneige:
Fo sholas an lòchrain, bidh mo smuain
A' cur le gaoith fad' air falbh.

DUAN PHÀILLEAN NAN GIUTHAS FUARA
(Chang Yòn-U)

Tha a' ghealach na seasamh gu geal
Os cionn Phàillean nan Giuthas Fuara:
Tha stuadhan an fhoghair gu ciùin
Air Loch an Sgàthain.

Eisdibh ris an sgal
A' tighinn 's a' falbh:
Na faoileagan còire bhon a' ghainmhich
Shìos an cois na mara.

ON A RAINY AUTUMN NIGHT

Bitter comes my song in the autumn wind;
So few friends have I had all my life.
Outside the window drips the midnight rain:
Under the lamplight, my thoughts drift far away.

SONG OF THE COLD PINE PAVILION

The moon stands white over Cold Pine Pavilion:
The autumn waves are calm on Mirror Lake.
Listen to the sad cry coming and going:
The friendly gulls from the sand by the sea.

UISGE SAN OIDHCH' AIR ABHAINN HSIAO-HSIANG
(Yi Il-Lo)

Caolas gorm eadar
An dà chladach as t-fhoghar:
Gaoth a' sguabadh uisge mhìn
Os cionn eathair 's i a' tilleadh.

Mar a thèid an t-eathar a chur air chruaidh
San oidhche dlùth ris an luachair,
Bidh gach duilleag ri siosarnaich gu fuar,
A' dùsgadh bròin.

DO CHARAID
(Yi Kok)

Ann an eathar beag, miann mo bheatha gun tighinn,
'S ann a tha mi a' tighinn dhachaigh,
M' fhalt glas a cheana
'S mi a' dèanamh gàir' orm fhìn.

Ach bidh mi ri bruadar an còmhnaidh
Gu bheil mi air mhuintearas ann an Cùirt an Rìgh
'S a' cur air dhearmad gu bheil mi 'n-dràsda
Am measg nan cuilcean fo bhlàth.

MO RÙN
(Kil Chae)

A' fuireach nam aonar
Fo cheann-tughaidh ri taobh sruthain,
'S ann a tha mi làn aighir
Leis a' ghealaich 's leis a' ghaoith ùir.

Cha tig aoigh
Ach nì eòin an t-slèibhe truitrich;

Tha mi socrachadh mo leap' am measg nan cuilcean,
A' dèanamh laighe 's, an uair sin,
A' dèanamh beagan leughaidh.

NIGHT RAIN ON THE RIVER HSIAO-HSIANG

A stretch of blue water between the shores in autumn:
The wind seeps light rain over a boat coming back.
As the boat is moored at night near the bamboos,
Each leaf rustles coldly, awakening sorrow.

TO A FRIEND

On a small boat, my life-long wish unattained,
I come home, hair already white, laughing at myself.
Still I dream of service at the Emperor's court
And forget that I am now among flowering reeds.

MY INTENTION

Living alone under the thatched roof by a stream,
I am full of joy with the white moon and the fresh wind.
No guest comes, but the mountain birds are twittering;
I place my beds among the bamboos, lie down and read.

SÒBHRAGAN
(Sò Kò-Jòng)

Tha na sòbhragan fada
Gun tighinn am blàth am bliadhna,
Cha d' rinn mi aoibhneas as t-fhoghar
Taobh ris a' challaid sear.

'S ann gun chridhe gun chridhe
A tha ghaoth an iar 's i a' sèideadh
A-steach nam fhalt liath
'S chan ann air na sòbhragan buidhe.

AN DÒIGH AGAM FHÌN
(Kim Koeng-P'il)

Tha mi a' gabhail còmhnaidh
Ann an sàmhchair 's ann an sìth,
Gam chumail fhèin a-staigh;
Cha toir mi cuireadh ach don ghealaich a-mhàin
Deàrrsadh air m' aonaranachd fhèin.
Na cuiribh ceist ciamar a tha dol dhomh:
Tha stuadhan ceathach gun cheann
Agus cnuic air chnuic ann.

AIR TURAS
(Kim An-Guk)

Air iomall an speura,
Bidh mi dèanamh caoidh air m' òige;
Tha mi gabhail fadachd ris an taigh
'S tha 'n taigh fhathast fad' air falbh.

Mar a sgaoileas an t-earrach
A' ghaoth an iar a tha frithearra,
Tha bròg-na-cuthaige, nach buin do dhuine,
Ri fosgladh a cuid bhlàth.

SLOW CHRYSANTHEMUMS

The chrysanthemums are slow to bloom this year,
I have not found autumn joy by the eastern hedge.
Heartless, indeed, is the west wind: it blows
Into my greying hair, not the yellow chrysanthemums.

MY WAY

I live in peace and quiet, confining myself to home;
Only the moon is invited to shine on my loneliness.
Please do not ask how I am getting along:
There are endless misty waves and hills on hills.

ON A JOURNEY

At an edge of the sky, I grieve over my youth;
I long for home, but home is still far away.
As spring lets loose the wayward east wind,
A wild peach, unowned, opens its blossoms.

A' SEALLTAINN AIR AN TAIGH BHON A' BHEALACH
(Shin Saim-Dang)

A' fàgail na caillich
Sa bhaile ri taobh na mara,
Tha mi dol suas dhan t-Sabhal nam aonar, mo chreach!
Mar a thionndaidheas mi, a h-uile 'n-dràsda
'S a-rithist, ach am faic mi 'n taigh
Air mo shlighe dhomh,
Bidh sgòthan geala ri ruith le bruthaich
Nam beanntan gorm' a' ciaradh.

A' COINNEACHADH ANN AM BRUADARAN
(Hwang Chin-I)

Cha tig mo mhiann t' fhaicinn
Gu buil ach ann am bruadaran;
Uair sam bith a nì mi tadhal air mo thoil-inntinn,
Bidh thusa tadhal orm fhìn.

Dèanamaid bruadar a-rithist, ma-tà,
Oidhch' air choreigin san àm a tha ri teachd,
A' tòiseachadh aig an àm cheudna
Gus coinneachadh air an rathad.

A' SEÒLADH ANNS A' CHIARADH
(Song Ik-P'il)

Air a call am measg nan dìthean,
'S ann a tha 'n t-eathar air dheireadh;
Agus dùil aice ris a' ghealaich,
Bidh i cur le gaoith gu slaodach sìos na bodhachan.

Ged a tha mi fo smùid mhòir,
Fhathast, bidh mi tilgeil slat:
Gluaisidh an t-eathar air adhart
Ach cha ghluais mo bhruadar.

LOOKING HOMEWARD FROM A MOUNTAIN PASS

Leaving my old mother in the seaside town,
Alas! I am going alone up to Seoul.
As I turn, once in a while, to look homeward on my way,
White clouds rush down the darkening blue mountains.

MEETING IN DREAMS

My wish to see you is fulfilled only in dreams;
Whenever I visit my joy, you visit me.
So let us dream again some future night,
Starting at the same time to meet on our way.

BOATING AT DUSK

Lost among flowers, the boat returns late;
Expecting the moon, it drifts slowly down the shoals.
Though I am drunk, I still drop a line:
The boat moves on, but not my dreams.

DÀN EADAR-DÀ-SHEANCHAS
(Sòng Hon)

Tha mi air a bhith a' fuireach sna beanntan
Fad aon dà fhichead bliadhna,
Fada bho bhith air mo ghlacadh
Le caonnagan an t-saoghail.

Bidh mi gabhail fois air mo shocair nam bhothan
Fo oiteag an earraich,
Le dìtheanan 's faite-gàir' orra
'S le seileach fo dhùsal.

OIDHCH' AIG BOTHAN
(Chòng Ch'òl)

Tha a' ghealach a' lìonadh
A' ghàrraidh a tha falamh
Ach càit' an do dh' fhalbh
Fear-an-taighe?

Tha duilleagan a thuit a' càrnadh
Mu chachaileith a' bharraich
'S an giuthas air a luasgadh leis a' ghaoith
Ri torman a-steach don oidhche.

OIDHCHE FHOGHAIR
(Chòng Ch'òl)

Siosarnaich nan duilleagan a' tuiteam a-nuas;
'S e rinn mi ris spiotraich de dh' uisge.
Dh' innis mi do mhanach a dhol a-mach
Airson sùil a thoirt air a' chùis;
Tha e 'g innse
Gu bheil a' ghealach a' crochadh air geug a-muigh.

INCIDENTAL POEM

I have lived in the mountains forty years,
Safe from involvement in the broils of the world.
I relax leisurely at my cottage in the spring breeze,
With smiling flowers and willows dozing.

NIGHT AT A COTTAGE

The moon fills the empty garden,
But where has the master gone?
Fallen leaves pile at the brushwood gate,
And wind-tossed pines murmur into night.

AN AUTUMN NIGHT

The rustling sound of falling leaves
I mistook for spattering rain.
I ordered a monk to go out and look;
He reports that the moon hangs on a bough.

AN T-EARRACH ANN AN YONGMUN
(Paek Kwang-Hun)

Air an adhbhar gun tig
An t-earrach dom uinneig
Aig àm sam bith,
Bidh mi togail mo sgàilein tràth sa mhadainn
'S ga leigeil a-nuas gu fadalach.

Tha 'n t-carrach aig an ìre 's àirde
Mu theampall na beinne;
Bidh am manach air a sligh' air ais a' dol
Seachad air na dìtheanan,
Gun a bhith mothachail.

SAN OIDHCH' AIR EILEAN HANSAN
(Yi Sun-Shin)

Tha solas an fhoghair
A' ciaradh os cionn a' chuain;
Tha na geòidh fhiadhaich a' falbh nan sgaoth
Gu h-àrd anns an adhar fhuaraidh.

Agus mi ri luasgadh
San oidhche fo iomagain,
Tha solas na gealaich a' breith
Air mo bhiodaig 's air mo chlaidheamh-mhòr.

AIG UAIGH CHONG CH'OL
(Kwòn P'il)

Tha na duilleagan a' tuiteam leis an uisge
San àite seo sna beanntan a tha falamh;
Tha guth grinn a' bhàird
Na thosd.

Chan urrainn dhomh srùbag a thairgse
Dhut fhèin sa mhadainn, mo thruaighe!
Bha dàn agad a chuir air mhanadh e
Sna làithean a dh' fhalbh.

90

SPRING AT YONGMUN

As spring may come to my window at any time,
I roll up my screen early and let it down late.
Spring is at its peak at the mountain temple;
The monk on his way back passes the flowers, unaware.

AT NIGHT ON THE HANSAN ISLE

Autumn light darkens the sea;
Wild geese file high in the cold air.
As I toss about anxiously in the night
Moonlight catches my bow and sword.

AT THE GRAVE OF CHONG CH'OL

Leaves fall with rain in these vacant mountains;
Silent is the graceful voice of the poet-official.
Alas! I cannot offer you a cup this morning;
You had a song that foretold it, in the old days.

AIR OIDHCHE FHOGHAIR
(Kim Yòn-Gwang)

Nì mi dùsgadh à bruadar
Fo uinneig fo sholas na gealaich;
Agus gun chomas agam air a' chianalas,
Nì mi seinn leam fhìn air mo leabaidh.

'S ann a-nis a tha mi gabhail an aithreachais
Gun do chuir mi a' chraobh sin gun smaoineachadh:
Tha cuid siosarnaich a' lìonadh
A' ghàrraidh le bròn an fhoghair.

DÀN EADAR-DÀ-SHEANCHAS
(Song Han P'il)

'S ann a dh' fhosgail dìtheanan
Anns an uisge 'n-dè
'S thuit iad sa ghaoith an-diugh sa mhadainn.

Nach mòr am beud gum bi ràith' an earraich
A' tighinn 's a' falbh
Ann an gaoith 's ann an uisge!

AIR OIDHCHE FHOGHAIR
(Sùng I-Kyo)

Tha na geòidh fhiadhaich a' slaodadh
Sgreadan fuar' às an dèidh
'S a' dol seachad air aghaidh na beinne.

Nì mi dùsgadh às a bhith ri bruadar ort fhèin, a ghràidh;
Tha 'n uinneag agam ga soillseachadh
Le gealach na Sultaine.

ON AN AUTUMN NIGHT

I wake from a dream, beneath a moonlit window;
Unable to control my longing, I sing alone in bed.
Now I regret that I thoughtlessly planted a tree:
Its rustling fills the garden with autumn grief.

AN INCIDENTAL POEM

Flowers opened in the rain yesterday
And fell in the wind this morning.
What a pity that the season of spring
Should come and go in rain and wind!

ON AN AUTUMN NIGHT

The wild geese trail cold shrieks
And pass beyond the mountain walls.
I awake from a lonely dream of you;
My window is lit by the autumn moon.

A' FEITHEAMH RI LEANNAN
(Yi Ok-Bong)

'S ann a thuirt thu rium
Gun tigeadh tu 's cha tàinig:
Tha na blàthain ubhail anns a' ghàrradh
Air teannadh ri tuiteam.

Gun fhiosda, tha mi cluinntinn bìogadaich
Aig pioghaid air geug –
'S ann le faoineas
A chuir mi rìomhadh rim ghnùis.

BRÒN AN DEALACHAIDH
(Yi Ok-Bong)

Tha bròn an dealachaidh
Air a dhol na ghalar dhomh
Nach leighis leigheas no nach slànaich fion.

Fo mo phlaide,
'S ann a bhios mi sileadh uisge mo chinn,
Air chleas an uisge fon leac-eighre
'S e ri sruthadh a là 's a dh' oidhche
'S gun fhios aig duine.

DO LEANNAN
(Yi Ok-Bong)

Ciamar a tha dol dhuibh
On uair sin, a dhuin' uasail?
Tha a' ghealach a' deàrrsadh
Nam uinneig 's tha mi fo bhròn.

Nan robh mi air làrach mo chois' fhàgail
Far an tàinig mi ann am bruadaran,
Bha 'n staran-cloiche gu ruige 'n taigh agaibh
Air a dhol na ghainmhich.

WAITING FOR A LOVER

You promised to come, but you haven't:
The plum-blossoms in the garden begin to fall.
Suddenly I hear a magpie chirp on a bough,
And I have made up my face in vain.

SORROWS OF SEPARATION

Sorrows of separation have become a disease in me
That cannot be healed by wine, nor cured by medicine.
Under my quilt I weep, like water under the ice
Which flows day and night, but nobody knows.

TO A LOVER

How are you getting along these days, my lord?
The moon shines at my window and I am sad.
Had I left footmarks where I came in dreams,
The stone path to your gate would have turned into sand.

DACHAIGH SA BHEINN
(Hò Kyòng-Yun)

Tha cuilean a' tabhannaich
Ri cachaileith a' bharraich,
Tha sgòth gheal a' dol air an t-seachran
An taobh a-muigh na h-uinneige.

Cò nochdadh air domhan
Air a leithid a staran-cloiche?
Chan eil ann ach eun ri ceileireadh
Ann an coill' an earraich.

A' DOL SUAS DHAN A' BHAILE-MHÒR
(Song Shi-Yòl)

Tha na h-uisgeachan uaine ri beucaich
Mar gum b' ann am feirg, mar gum b' ann,
Seadh, ann an gruaim
'S tha na beanntan gorma sàmhach.

A' cnuasachd dhomh air na beanntan
'S air na h-uisgeachan, tha e tighinn thugam
Gur beag orra mise
Dhol a dh' ionnsaigh an duslaich 's na beinne.

GEARAN BOIREANNAICH
(Cho Shin-Jun)

Tha gaoth an fhoghair a' seargadh
Nan duilleagan a bha gorm,
Tha na deòir a' seargadh
Blàth m' aodainn.

'S ann air sàillibh ort fhèin
A dh' fhàs mi lom
Ach cuiridh thu mi gu taobh
As dèidh dhut fhèin tilleadh.

A MOUNTAIN HOME

A poodle barks at the brushwood gate,
A white cloud wanders outside the window.
Who would come along such a stony path?
Only a bird warbles in the spring forest.

GOING UP TO THE CAPITAL

The green waters roar as if in anger,
As if frowning, the blue mountains hush.
Musing on the mountains and waters, I find
They hate my going into the wind and dust.

A LADY'S COMPLAINT

The autumn wind withers the green leaves,
Tears wither the bloom of my face.
It's because of you that I have grown gaunt,
But you will cast me aside when you return.

A' DEALACHADH RI LEANNAN
(Kyewòl)

Tha mo shùilean, làn de dheòir, a' sealltainn
Air do shùilean deurach fhèin;
Tha mo chridh' a' briseadh
'S do chridhe fhèin cho math.

Leugh mi, ann an leabhraichean,
Mu bhròn an dealachaidh,
Ach, a Thighearna, cha robh mi 'n dùil a riamh
Gun tachradh e dhomh fhèin.

A' FEITHEAMH RI LEANNAN
(Nùngun)

Thug e a làmh-is-facal seachad
Gun tigeadh e ri èirigh na gealaich;
Tha a' ghealach air èirigh
'S gun esan air tighinn.

'S dòcha, far a bheil esan a' fuireach,
Gu bheil na beanntan àrd
Agus gum bi a' ghealach
Fada gun èirigh.

ANN AN EATHAR
(Tè gun Urra)

Bha dìtheanan a' fosgladh aig an fhàrdaich
San do chuir mi 'n oidhche seachad;
Sa mhadainn tha mi dol tarsainn air abhainn
A th' air bhog le bileagan.

Tha 'n t-earrach trang mar a tha 'n cinne-daonna
Trang a' tighinn 's a' falbh:
Cha luaithe chì mi na dìtheanan beaga
Na chì mi a' tuiteam iad.

98

PARTING FROM A LOVER

My eyes, tearful, look at yours, tearful too;
My heart is breaking and so is your heart.
I have read, in books, of the sorrow of parting,
But never dreamed that it would happen to me.

WAITING FOR A LOVER

He swore he would come at moonrise;
The moon has risen, but he doesn't come.
Probably where he lives, the mountains
Are high and the moon is slow to rise.

IN A BOAT
(Anonymous)

Flowers were opening at the house where I spent the night;
This morning I cross a river afloat with petals.
Spring is busy like people, coming and going.
No sooner have I seen the flowers than I see them fall.

AM BLÀTH
(Yi Ki)

Anns an uisge, bidh e fosgladh
'S bidh e tuiteam anns a' ghaoith.
Cò meud là as urrainn dhomh
Am blàth fhaicinn?

'S ann a tha e mar dhàn 's mar dhual
Dhan a' bhlàth a bhith goirid, mo chreach:
Chan e gurobh a' ghaoth ciontach
No gurobh an t-uisge coibhneil.

HAIKU

BUSON

Aig dol fodha na grèine,
Losgadh air a' choileach-choille
Faisg air fuaran an t-slèibhe.

At sunset,
shooting at the woodcock
by the mountain well.

BASHO

Mun talamh-fheuraich,
Uiseag a' ceileireadh
Saor is a h-uile sgath.

By the grassland,
lark singing
free from everything.

PEACH BLOSSOM

In rain it opens, and falls in wind.
How many days can we see the peach blossom?
This brevity is in the blossom's nature:
Not that the wind has been guilty, or the rain kind.

ISSA

Eathar san oidhche
A' seòladh air falbh
Air a soilleireachadh
Leis an teine.

Boat at night
sailing away
made clear by the fire.

SHIKI

Là san earrach,
Làrach air làraich
De chasan sa ghainmhich.

Spring day,
footprint upon footprint
in the sand.

ISSA

A' cadal, a' dùsgadh,
A' mèaranaich –
Thèid an cat a-mach a shùgradh.

Sleeping, waking,
yawning –
the cat goes out to play.

KYOSHI

Nighean
Ga failceadh fhèin
Ann an amar-uisge
'S feannag an eud rithe.

Girl bathing herself
and a crow
envious of her.

SHIKI

Teas eagallach —
Tha m' inntinn 's i na tuainealaich
Ag èisdeachd ris an tàirneanaich.

Great heat —
my mind, confused,
listens to the thunder.

SETSUKO

Thug beithir
Is aimsir
An uisge mo ghràdh
Air falbh.

A lightning bolt
and the wet season
have taken my love away.

TAKAKO

Breac-a'-mhuiltein:
Nuair a thèid mi mach
An ceann tacain,
Bidh mi gabhail fadachd ris an taigh.

Mackerel sky:
when I go out soon
I shall long for home.

TOMOJI

As dèidh a bhith 'g òl 's a' connsachadh,
A' dol air ais
Gu sàmhach
Fo Shlighe Chlann Uis.

After drinking and arguing,
returning quietly
under the Milky Way.

MOKKOKU

A' cur an lòchrain sìos,
An solas
A' cluich
Le uisge 'n earraich.

> *Putting down the lamp,*
> *the light plays*
> *with the spring rain.*

HOSAI

A' sealltainn air ais air an tràigh,
Fiù 's làrach mo chois' air falbh.

> *Looking back at the beach,*
> *even my footprints*
> *have disappeared.*

Ó GHAEILGE DHÁIBHÍ UÍ BHRUADAIR /
From the Gaelic of Dave V. Broderick

PITY I'M NOT LOW LIFE
(*Mairg Nach Fuil 'na Dhubhthuata*)
i. m. Michael Hartnett

Pity I'm not low life
(low life is bad)
at home
with the great unwashed.

Pity I'm not some pig-ignorant cunt
at home amongst the lower middle class
since that is evidently what you want,
you scumbags.

If I could find just one person, damnit,
with whom I could swap all my erudition!
Honest – it's like a great big Gore-Tex jacket
to stave off depression.

People notice a well-dressed man
but a life member of Aosdána – do they fuck!
If I could do it all again
at least I'd have a shirt on my back.

Envoi:
All those fuckers are happy with their lot:
Eloquent, felicitous wordsmiths – not!
Take it from me, whatever you do, don't write –
Be a mucksavage. Be a gurrier. Be a gobshite.

106

Ó GHAEILGE PHÁDRAIGÍN HAICÉID /
From the Gaelic of Trish Hackett

BETWEEN YOU AND ME
(*Do Chuala Inné*)

Hackett, is it? Hacked off, more like.

I met one of the few remaining oldtimers in Finance
in the pub last night
and, between you and me,
there'll be no more poetry workshops, that's it.

Well, that's okay, that's fine with me,
you bunch of illiterate materialistic male bastards. I'm not
about to firebomb your premises or anything like that!

That's it –
from now on I'm saying nothing
except
you can go sing.

GUN URRA/*Anonymous*

NOT SO MUCH AS ONE KISS
(*Taisigh Agat Féin do Phóg*)

Not so much as one kiss
from your lips, girl from the ad for Pearl Drops:
the very notion revolts me!
Get your mouth away from mine!

Another man's wife
kissed me once –
what an experience –
that was the snog of my life!

Until I see that woman again
(please, God, let it happen!)
I won't so much as look at anybody else.
Her kiss was the ultimate!

PHD
(*Beatha an Scoláire*)

Being a PhD in this place
is a cushy number and no mistake.
Researching is the most agreeable occupation
in Ireland, in my opinion.

Not being answerable to anyone.
None of your nine-to-five.
Flat rent-free.
Getting up when you like.

Just breezing in
at half past eleven
(or later). None of this having to work
after 6 pm lark.

Surfing the web all afternoon
and then a session
and then
it's off chasing women.

His team'll be raring
to go at the beginning of spring,
his secret weapon
is his pen.

Ó GHAEILGE ÁINE NÍ GHLINN/
From the Gaelic of Áine Ní Ghlinn

EARRANN À LEABHAR-LATHA LE TÈ A CHUIR ÀS DHI FHÈIN

Deich bliadhna fhèin a chosg mi air ullachadh
Is dealbhachadh do bhàis:
Cheannaich mi nimh;
Cheannaich mi sgian
Agus, an uair sin –
Dìreach gus a bhith cinnteach às –
Cheannaich mi taod.

Abair thusa gun d' fhuair mi briseadh-dùil
Nuair a fhuair mi brath
Gun robh thu air tuiteam ri taobh an rathaid
Nad aon chap is tu a' triall
Dhan eaglais madainn Didòmhnaich.

EXTRACT FROM THE DIARY OF A SUICIDE VICTIM

For ten years I planned
your death. I bought poison.
I bought a knife. Then – just
to be sure – I bought a rope.

My heart was scalded when I heard
that you collapsed in a heap
at the side of the road
on your way to Sunday mass.

(Translation: Pádraig Ó Snodaigh)

FROM THE GAELIC

SONNET

It is not just perfume from a dress
but fragrance,
Sodium Laureth Sulfate,
Cocamidopropyl Betane,
Lauramine Oxide,
Peg-7 Glyceryl Cocoate,
Glycol Distearate,
Glycerin,
Butylparaben,
Coconut Alcohol,
Phenoxyethanol,
Tetrasodium Edta,
etcetera
which makes me so digress.

GAZETTEER

Stromeferry (no ferry)	Muir of Ord (no ford)
Carrbridge (no bridge)	Mitherwell (no well)
Ullapool (no pool)	Dingwall (no wall) Redpoint (no point at all)
Kirkintilloch (no loch)	Stornoway (no way)
Portree (no tree)	Aviemore (no more)
Gourock (no rock)	Knockando (do).

112

ECLIPSE

That morning,
nineteen sixty-nine –
watching my first ever full solar eclipse
"through a glass lightly"
(as Malky the Lot used to say)
rising over Camuscross Bay,
for all the world a crescent.

Just imagine:
watching *Newsround*
(remember as well –
terrestrial!)
as moonkind mooned on the land
after all that time!

Me with my birthday present,
a shining bright overday bag
pulling me down on my bicycle
and after the event
(all c.2 minutes of it)
the whole afternoon
bathing
in the absence
of light from the moon.

(The reason he's called Malky the Lot,
so they say,
is because he fell against the fence one night
having gone over the top with the moonshine,
lost it, banged his head big style
and started seeing the Plough up there in the sky,
the Milky Way,
Aurora Borealis,
the Southern Cross,
Orion's Belt,
you name it – the lot.)

MULDOON

I spent ages this afternoon in the act
of reading – as closely as I could

although turning and turning the pages might
be more like it –

the mediaeval Irish voyage
which the mother gave to me

as a belated 40th birthday present
about Muldoon's fated hot-air balloon trip

halfway round the universe
and how it all ends up in a field

contiguous to the one
from which he first lets rip.

CREWE JUNCTION

It's only lately I've been made aware
of the other side,

how my other grandparents met each other
on a moderate Sunday afternoon

at the point
where the lines intersect

at Crewe Junction,
he returning

to Mayo and the family holding
and she on Platform Whatever

at the stage
where one considers the opposite.

4
Air a' Charbad fo Thalamh /
On the Underground

SGAOTH

Sheall mi sìos bho thaobh Loch Bharabhaig
Air sreath de thaighean,
Crùbte mar fhulmairean
Shìos air mo bheulaibh an Sàsaig
Feasgar na Sàbaid,
Cuid aca ri fois nan nead
Agus cuid
An impis falbh air an iteig
A-rithist madainn Diluain.

MEALL

Chunnaic mi meall bhuam a-muigh sa chuan.
Cha bu lèir co dhiubh 's e sgeir
No eathar no ròn a bh' ann,
No fiù 's duine 's e fada bho chobhair
A' dol fodha gun bhìog às.

As bith dè bh' ann,
'S ann a thug e tlachd leis
Is thog e mo chridhe 's m' inntinn,
A-muigh ann an shin mar stuadh
Agus airidh air comharrachadh.

SÙIBHEAGAN

Chaidh mi air m' ais an-uiridh
Dhan achadh os cionn a' chladaich

Far an d' rachadh mo chuideachd a thogail shùibheagan
Ach 's e bha romham ach smeuran ann,

Rud beag air falbh on ùir ud
Anns an do dh' fhàs iad.

FLOCK

I looked down on a row of houses
from beside Loch Baravaig,
crouched like fulmars
down there in Sasaig
one Sunday afternoon,
some of them resting on their nests
and some
about to fly away
again on Monday morning.

LUMP

I saw a lump out in the bay.
It wasn't clear whether it was a partially submerged rock
or a boat or a seal
or even a man with no prospect of being rescued
going under without a peep.

Whatever it was,
it pleased me
and it lifted my spirits,
out there like a big arched wave
and worthy of being noted.

STRAWBERRIES

I went back last year
to the field above the shore

where my people used to go picking strawberries
but all I found was brambles

a wee bit away from the very earth
in which they grew.

117

CRUTH

Solas na gealaich is bò shìos am beul na fairge.
Cruth na bà sa ghealaich is buaile mun cuairt oirre.

NA FIR-FHAIRE

Na fir-fhaire tha seo san taigh-tasgaidh,
Carson fo Dhia nach caraich iad?
Ciamar nach dèan iad ach seasamh dìreach
Mun cuairt nan tosd
Mar gum b' eadh nan dealbhan
A th' aosda 's balbh 's briste
'S gun uimhir is fiamh-a'-ghàire
Shuas air an aodann –
Carson?

Saoilidh mi gu bheil fhios agam fhìn.

FORM

The light of the moon and a cow down by the shore.
The form of a cow in the moon all in a ring.

THE SECURITY GUARDS

Those security guards in the museum,
why on earth won't they move an
inch? How can they stand to stand
around so dumbstruck like old and
long-commissioned paintings?
Why such expressionless wait . . . waiting?

Daresay I know fine well why.

(Translation: Kevin MacNeil)

THE ATTENDANTS

These museum attendants —
do they never move?
Why do they just stand there
in silence
like pictures,
old, dumb and broken,
without so much as a trace
of a smile on their faces —
how come?

I think I know.

RÙILEACH

O chionn mu shia mìosan a-nis,
Tha mi air a bhith 'g èirigh
Mu mheadhan-latha 's a' dèanamh suidhe
Ri taobh na h-uinneige
Agus bun m' fheusaige
'S e a' tighinn gu inbhe,

Far am bi mi a' beachdachadh
'S a' seall tainn air na bileagan a' fàs
Aig ìre cho slaodach slaodach
'S nach gabh an rud fhaireachdainn
Ach air èiginn

Mar gum b' eadh na shreath de pholasmain –
Sreath, gu dearbh, mar gun cante,
De mhaoir-shìthe –
Ri ràcadh 's ri ruamhar 's ri rùileach
San luibheannach fon casan
Airson lorg no làrach no sgeul
Den leanabh ud a chaidh air chall.

FACAL DHÈ

Bidh mi fhathast ga fhaighinn coimheach
Fiù 's às dèidh nam bliadhnaichean
Gun a bhith ga ghabhail:

Facal Dhè, gu cearbach
'S gun a bhith gu furtail,
Gun chàil agam ris,
Gun chomas agam air a shluigeadh sìos,
A' leantainn ri bràighe mo bheòil
Mar abhlan de Chorpus Christi air ais nam dheugair
'S mi a' teàrnadh 's a' tionndadh dham shuidheachan,
Mo cheum gun ghràsmhorachd 's mo chùl
Ris an altair.

SEARCHING

For about 6 months now
I've been getting up
about midday and sitting by the window
as my stubble gets thicker,

sitting and contemplating,
watching the stalks grow
so slowly
it's almost imperceptible

like a convoy of policemen
raking and sifting and searching
through the weeds underfoot
for just the slightest trace
of that missing child.

GOD'S WORD

I still find it mystifying
after all these years of denial:

God's word, unappetisingly, ungracefully,
helplessly, clinging
to the roof of my mouth
like Jesuswafer in my teenage years
as I'd squirm and flounder
in my seat, my pace love
-less, back
to the altar.

(Translation: Kevin MacNeil)

SOITHICHEAN-FO-THUINN

Bidh mi a' sealltainn
A-mach air an uinneig air m' inntinn
'S i na h-aon Chuan Sgìth sa mhadainn
A' sìneadh eadar na h-Eileanan-a-Staigh
Is Innse Gall thall ann an da-rìribh.

Saoil thusa gu dè na th' ann
De shoithichean-fo-thuinn
A' seòladh gun fhiosda mu bhun,
A' dèanamh air a' chladach
Ud shìos air mo bheulaibh?

MO BHRÒGAN-DEIGHE

'S ann a dh' aona rùn
A bhios mi fàgail mo bhrògan-deighe
Shìos ann an shin ri taobh an dorais
A-staigh aig baile mo dhaoine
Gus am faod mi èirigh 's toirt às
Nam bheithir nuair a thig am fonn
Tarsainn air a' Chuan Siar, sìnte
Na *Raja batis* romham,
Cho leathann sin 's nach fhaic duine
Dà cheann an rud aig an aon àm,
Tarsainn air a' Chuan Siar
Air ais dhan a' Phòn Mhòr.

OIDHCH' FHÈILL EATHAIN

Cumamaid
Oidhch' Fhèill Eathain

Le tein'-èiginn
Air neo teine-chnàmhan fhèin

Agus na làithean mar anail romhainn
A' trèigsinn 's a' dol an giorrad.

SUBS

I look out the window
at my mind like the Minch
extending from the Inner Isles
to the actual Isle of the Foreigners.

I wonder how many subs
are plying undetected out there,
making for that shore
just down there in front of me?

MY ICE SKATES

I deliberately leave
my ice skates down by the door
at home in my folks' place
so I can get up and go,
get the hell out of here
when the notion takes me
across the Atlantic, stretched out
like a *Raja batis* before me
so wide one cannot see
its two extremities at the same time,
across the Atlantic
back to Big Pond, Nova Scotia.

ST JOHN'S EVE

Let's celebrate
St John's Eve

With a needfire/
bonfire

as the days appear in front of us
like breath fading and shortening.

BLOIGHEAN

Chunnaic mi mo mhacan
A' cur na ruaig' air na calmain
Feasgar Didòmhnaich sa phàirce
'S mo mhàthair
'S m' athair fhèin an làthair

'S thuirt iad gun tug an rud
Na bloighean de chuimhn' air an inntinn
Dhìom fhèin aig an aois ud
A' sgapadh nam fiadh aig bonn an t-slèibhe

Ach gun tàinig am fuachd a-nuas
Is gun do theich iad,
Mar gum b' eadh nan sgaoth air an ite,
Fo chomhair mo shùl dhan a' bhad
Far an sùghadh iad an teas bhon a' ghrèin
Mar a nì na calmain ri tìde,
Là geal fhathast, tha fhios.

LÀ ARAID

Nach sinn fhèin a rinn an gàirdeachas
An là ud aig a' bhanais:

Oiteagan beaga gaoithe
A' sèideadh a-steach thar Linne Shlèite!

Seinn agus *ballerina* shìos air an rèidhlean
Neo-ar-thaing uisge nan speuran!

Agus, an uair sin, agus a h-uile duine dealachadh,
Tha cuimhn' agam air an carbad a thionndadh

'S gun do nochd an dithis a bha seo, dìreach a-mach às an adhar
'S iad ag iarraidh giùlan a-staigh dhan a' bhaile-mhòr:

Taigh na galla dhuibh! dh' èigh mi fhìn riutha. *Taigh nan Sad!*
Mach às mo rathad!

FRAGMENTS

I watched my wee boy
chasing the pigeons
one Sunday afternoon in the park
with my own mother and father

and they said
that it brought back fragmented memories
of me at that age
routing the deer at the foot of the mountain

but the cold came down
and they bolted
like a flock on the wing
in front of my eyes to the spot
where they absorb the heat from the sun
just like the pigeons
some day, I guess.

SPECIAL DAY

Were we no geyan merrie
Thon day o the waddin:

Wee waffs o wund
Blawin atour the Kyle o Sleat!

Song and ballerina doun on the green
For aa tha blash o the lift!

An syne fareweills frae the haill gaitherin,
I mind hou I turned the caur

An thir twa kythed as gin thay drapt fae the heivins
an thay eftir a hurl doun ti the ceitie:

Awa ti hell! I bellocht et theim. *Bugger aff!*
Get oot o ma wey!
(Translation: William Neill)

FEASGAR NOLLAIGE

Chan fhaca mi de mhìorbhail mu Nollaig
Ach na mìltean air mhìltean de rionnagan
A' priobadaich nan cloinn os mo chionn

Ach laigh mi air mo dhruim-dìreach
Gun fhiosda san t-sneachda mum fhàrdaich
'S dh' èirich mi 's dh' fhàg mi lorg

'S nochd i sa mhadainn am fhianais
Na h-aingeal air beul an dorais.

IARMAD

Dh' èirich mi 'n-diugh
Agus an t-àite cianail sàmhach
Agus càch
Fhathast nan sìneadh

Agus aon bhrochan lom de *chow mein*
Air fhàgail air mo bheulaibh mar iarmad
De luachair 's de chuilcean ri bòrd
Loch an Dòbhrain anns a' mhadainn.

CASAID

Chaidh fhàgail orm a-nochd
Gun robh mi ri bàrdachd
Ann an àite follaiseach:

'S mi nach robh – 's e
Nach robh mi ach
Ri piocadh mo shròine
'S ri trod ri mo bhean,
Seadh, 's gam bhrodadh fhèin.

CHRISTMAS AFTERNOON

The only miracle I saw around Christmas time
was thousands and thousands of stars
winking like little children above me

But I lay on the flat of my back
suddenly in the snow by my hovel
and I got up and left a trace

And it appeared to me in the morning
as an angel at the front door.

SUBSTITUTE

I got up this morning
with the house hellish quiet
and everybody else
still crashed out

and a pig's ear of a *chow mein*
left there before me like remnants
of rushes and reeds by the side
of Loch an Dòbhrain in the morning.

ACCUSATION

I was accused tonight
Of performing an act of poetry
In a public place:

I most certainly was not –
All I was doing
Was picking my nose
And having a barney with the wife
And playing with myself.

DO GHEAS

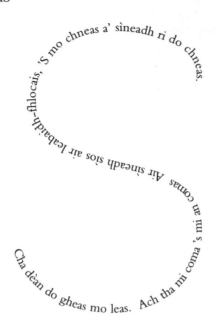

SPITHEAGAN, EILEAN EISDEIL

Ciamar nach eil an uimhir sin
(Fhad 's as lèir dhomh) de spitheagan

'S a b' àbhaist is mi nam bhalach
Shìos bhuam sa chladach –

Tha fhios nach do chaith mi àireamh
Cho mòr sin dhiubh air falbh?

SPELL

Your spell won't do me any good
but I don't care so long as I'm able
to snuggle with you under the downie,
my skin stretched out over yours.

SKIMMING STONES, EASDALE

How is it there's nowhere near as many
(as far I can see) skimming stones

as there used to be when I was a boy
down there on the shore

surely I can't have thrown
all that many away?

CEILEIREADH (EARRANN)/
Twittering (Fragment)

Fa liu o ho ao ri o ho ao o ho
Svirrr-r-r *rrererere* drrit kokokoko
Air farail ail ò hao ri uh-POOMBH ri hò hill eò
KolloRAP-kolloRAP gah-HONK bheep-bhibew
TrruEEH-e **rirriririri** prreeepkeeh air fà lì leò
Piuu kraah-ap zraaaach trrrt whee-whee-**whew**
AArroo pjak pfEEoo tseeizLITT hù gò ho rò leathag
Whedde-wehk krsch chu-chu-cho hò hi iù a
OO-ooe **OO-ooe** OO-ooe **be-beeezh** kyang-**ung**-ung
E ho ì ùrabh ò rò ho chiù prrak trruEEh-e kluit *gullagullagulla*
Pseeeee hjuuk kje-kjah libh ò hò ri ghealladh
DruOO-u jijijijijijiji pfEEoo ho ì ò ho nà libh i
O hi a hao schaahr kruuht ktchay *poopoopoopoo* chuEESH
ChuWIK tchair kIEEu kloowee-kow-klawi
Hiu na tsip hao ri o hoireann **tixixixixixix** o ro ho èile
Pyittittittittitt-ett-ett CHEkorekuVEH e ho hi ri ri o hù gu
REEHew kiERR-ik dirrrrp *quiquiquiqui* psEE-ep seeuuee
Piip-piip-piirr rerrrp-rerrrp charadee-deeoo **pEEE-lu**

130

ANN AN GLEANN NATHRACH DHOMH

Là gurobh mi ann an Gleann Nathrach
Bha dùil agam
Gum faca mi a' nochdadh air lom
Nathair bhreac anns gach ball
A' liùgadh 's a' lùbadh a-null 's a-nall,
A' sniagalais eadar an rathad 's an gleann 's an abhainn
'S a' tionndadh air ais orra fhèin
Gus an tàinig iad gu crìch
Shìos bhuam air làr a' ghlinne

'S ghabh mi beachd ann an shin am aonar
Air na h-ùrlair far an do dh' fhàs
Na fir mhòra chunnaic MacDhunlèibhe
'S ar leam gun do nochd anns an dorchadas
Gnùis lùibte m' athar.

FOIS

Gabhaidh mi fois nam aonaran
Feasgar Didòmhnaich an cois na tuinne

Gus an till m' air' ort fhèin
Mar chomhartaich ri beul na h-oidhche.

ALBA 1997

Cumaidh sinn an gàrradh
Fhathast is an dìg fhèin, scadh,
A tha mar gum b' ann mar chrìoch
Eadar dùthaich na h-Albann 's an còrr,
Eadar sinn fhèin is coimhearsnaich
Bun na h-ursainn

IN THE EDDER GLEN

Yae day I wes in the Edder Glen
an I thocht
that I cud aye see
an edder in ilka bit
wreeglin hither an yon
atween road an glen an watter
an turnin back on themsel
till they cam ti the mairch
doun at the enn o the glen

an I thocht there alane
on the grunn whaur wes grouwin
the big yins that Livingstone saw
an it seemt there kythed in the daurkness
ma faither's twustit face.

(Translation: William Neill)

REST

I'll sit down and take a rest
On Sunday afternoon beside the Sound of Sleat

Until you come back
Into my mind, like barking at five o' clock.

SCOTLAND 1997

We'll keep the dividing wall
A wee whilie yet, and the dyke
Which is like a border
Between Scotland and the rest,
Between ourselves
And the folk next door

Ach, bho seo a-mach,
An àite bhith 'n còmhnaidh ri sadail
'S ri sadail ar cuid sgudail
Thairis air uile gu lèir,
Saoil nach glèidh sinn againn fhìn
A' chuid-mhòr dheth mar eallach,
Dìreach air ghaol na rèite
Eadrainn mar Chlann Mhic-an-Duine

'S cò aig' a tha fios dè dh' fhàsas
As an lagais a dh' èireas às?

BEALACH NAN GAIDHEAL, OBAR DHEATHAIN

Choisich mi air Bealach nan Gaidheal
'S tu fhèin air m' uileann
Feasgar Là na Sàbaid

Is thug sinn sùil
Air na druidean os ar cionn
'S iad a' cruinneachadh air stuagh
Gu h-àrd
Agus an là a' ciaradh.

PTM!
Sgaoil aon dhe na bugairean cac orm!

AIR A' CHARBAD FO THALAMH

Tha mi airson siubhal san dorchadas
Air a' charbad fo thalamh
Am measg nam balbhan 's nam marbh ann:

Shelley, Larkin, Blake, Hopkins,
John Clare, Anne Finch,
Mandelstam, Anon.

But, from now on,
Instead of forever flinging
All our rubbish over it,
Suppose we keep most of it ourselves,
For the sake of reconciliation, you understand,
Between us as Jock's wee bairns

And who knows what'll emerge
From the resultant midden?

GAELIC LANE, ABERDEEN

Here wes me an you cleekit,
donnerin doun Gaelic Lane,
thon Sunday's nicht

an we luikit up
at the stuckies up abeen's
foregatherin on the gales
awa up heich –
jist aboot gloamin it wes –

PTM!
Een o the wee buggers cackt on ma heid!

(Translation: J. Derrick McClure)

ON THE UNDERGROUND

I wad fair like a hurl in tha daurk
On the underground
Among thon dummies an the deid:

Shelley, Larkin, Blake, Hopkins,
John Clare, Anne Finch,
Mandelstam, Anon.

(Translation: William Neill)

NA BODAICH

'S fhada bho dh' fhàs
Calum Dubh glas

Is cha mhòr gu bheil ribe mu cheann
Aonghais Bhàin

Agus, nuair a smaoinicheas mi mu dheidhinn,
Chan eil mi a' faireachdainn
Cho òg sin
Mi fhìn.

FORMALDEHYDE

Tha thu aig fois,
Na do shìneadh fo thàmh
Shìos anns a' chladh,
A' gabhail an t-sneachda shìos
Ri sàil na beinne,

Do chuislean air an stobadh
Le *formaldehyde*
A ghabhas mi fhìn mar uisge
Là geal fhathast, tha fhios.

FAOILEAGAN

Faoileagan a' leantainn
Tractor air an raon,
A' suathadh mun tuath shuas ann an shin,
A' treabhadh sa chuan,
Mar chlann-nighean an sgadain.

THE OLD BOYS

Black Angus is as grey as an egg.

Red Angus is as bald as a badger.

And I don't feel so young
Myself either.

FORMALDEHYDE

You're resting in peace
laid out
down in the cemetery
snowbathing
at the foot of the mountain,

your veins full
of formaldehyde
which I'll be having like water
some fine day, I guess.

HERRING-GULLS

Herring-gulls following
a tractor in the field,
rubbing against the land,
ploughing the main,
herring-girls.

CLACH-CHINN

Rud beag air falbh o ionad-losgaidh nam marbh
Ann an Warriston, Dùn Eideann,
'S na deanntagan a' fàs taobh ris an rathad-choiseachd
Far am b' àbhaist aig aon àm rathad-nan-gàd,
'S ann a tha cladh
A chaidh o chleachdadh o chionn fhada

Agus, air a spreadhadh ann an geal ann
Air aon dhe na clachan-cinn
A tha seasamh fhathast air èiginn,
'S ann a tha: *Saorsa airson Alba.*

CRODH

Tha 'n crodh
Air a bhith nan seasamh dìreach
Shuas bhuam ann an shin
A riamh o mhadainn
'S air na mìltean air mhìltean
De mhìltean fhalbh
Mar gun robh iad nam bliadhnaichean fhèin
Gun a bhith idir a' carachadh
Bhon spot ud
Mum faca mi fhìn an toiseach iad.

BOGHA-FROISE

Là dhe na làithean,
'S ann a tha mi dol a dhol a-mach
'S a chladhadh a' bhogha-fhrois' a tha sin
Shìos an sin aig bun a' ghàrraidh.

HEADSTONE

A wee bit down from the crematorium
in Warriston, Edinburgh,
where weeds grow by the side of the cycle path
which used to be a railway line once,
there's a cemetery
long since fallen into desuetude

and, sprayed in white
on one of the headstones,
barely standing,
(I quote): *Saorsa airson Alba.*

CATTLE

The cattle
have been standing stockstill
up there ever since morning –

they've travelled thousands
and thousands of miles
as though the miles were so many years,

without moving
from the very spot
where I first caught sight of them.

RAINBOW

One of these fine days
I'm definitely going to go out
and dig up that rainbow
down there at the bottom of the garden.

BOBHSTAIR

Seall am bobhstair
A bha sin a thilg mi mach,
Na laighe beul fodha sa ghàrradh,
A' dèanamh an fheòir
Rèidh
Is deanntagan ag èirigh ri thaobh.

GÀIRE
(après Frank Kuppner)

Rudeigin rudeigin rudeigin rudeigin
Rudeigin rudeigin rudeigin rudeigin
Rudeigin rudeigin rudeigin rudeigin
Rudeigin rudeigin rudeigin rudeigin
Nì am bodach thall san oisinn
Gàire beag ris fhèin.

AUBADE

Tha e tighinn thugam gum b' eudar
Gun d' rinn thu fhèin èirigh
(Nuair a dh' fhàg thu, tha mi dèanamh dheth,
Slàn is beannachd 's mi nam shìneadh
San dorchadas)
Moch moch fhèin air an là
Agus an searbhadair
A chleachd thu san fhras
Na laighe na chnap air làr an t-seòmair-fhalcaidh
Cho tioram sin mar-thà.

GATH

Cùirtean fhosgladh
Madainn shamhraidh −
Gath duslaich.

MATTRESS

Look at the old mattress
I threw out,
lying facedown in the garden,
destroying the grass,
nettles growing beside it.

CHUCKLE

Something something something something
Something something something something
Something something something something
Something something something something
The old boy in the corner
chuckles to himself.

AUBADE

It occurs to me that you must have got up
(when – I' m assuming here –
you said your goodbyes
as I lay there in the dark)
really early
since the towel
that you used in the shower
is lying in a heap on the bathroom floor,
dry already.

SHAFT

open the curtain
summer morning –
dustshaft.

141

HAIKU

Bun nan sgòthan
Cho àrd ri àird' a' chuain.

cloudbase
high as sea-level.

BÌDEAG

Na trèig
Mi gu buileach:

Fàg
Dìreach bìdeag

Ghaoil mar làrach
Shìos mum amhaich.

BRUTHAINN

Bruthainn ri beul na h-oidhche
Mu thoiseach Lùnasdail –

An t-uisg' air lasachadh
Mu dheireadh thall

Agus ceò ag èirigh
Far glumaig mar fhaluisge,

Cho bruicheil sin, cho teth
Agus gum faodainn

Na soithichean fhèin
A dhèanamh na broinn

Is an fhuil seo rim shròin
A ghlanadh.

142

BITE

Don't abandon me
altogether:

leave
just a little

bite as a mark
on my neck.

CLOSENESS

Closeness, dusk,
beginning of August,

the rain abated
at long last,

mist rising
from the pond like a wet muirburn,

so hot
I could do the dishes in it

and clear
this bloody nose.

BRAT

Madainn Là na Nollaige:
Sneachda na bhrat-làir

A bha mo mhàthair
Air fhàgail a-muigh air a' bhlàr

Air beulaibh an taighe
Gus an tiormaicheadh e.

CEIST

Gun teagamh,
'S e a' chiad cheist
A chuirinn ort
As dèidh dhuinn coinneachadh a-rithist
Air an taobh thall ach:

Dè do mharbh?

MUN A' MHONADH LIATH

Chaidh an comharra-rathaid
A bh' ann gus o chionn seachdain
(Fhad 's as cuimhne leam), a' sìneadh
Rathad a' Mhonaidh Lèith,
A dubhadh às anns a' bhad
Anns a' ghealadh-a-mach

Agus, a-muigh ann an shin am badeigin,
Fon tosd domhainn
Bhalbh
Fon t-sneachda,
'S ann a tha na beanntan ud
Air am biodh Geal Chàrn
Is Beinn Dearg nan latha
Air an glanadh às cuideachd
Mar gum b' e dìreach tòrr fhaclan a bh' annta –
Censored by inserting a blank, a leabhra!

144

CARPET

Christmas morning:
carpet of snow
which my mother
left out in the garden
in front of the house
to dry.

QUESTION

Naturally,
the first question
I'd ask
the first time we meet
on the other side:

How's death with you, old boy?

IN THE CAIRNGORMS

The roadsign
which was there up to last week
(as far as I can recall), pointing in
the direction of Monadh Liath,
was obliterated on the spot
in the white-out

and, out there somewhere,
under the deep
silence
under the snow,
the hills,
which used to be known as White Cairn
and Red Mountain once,
have been wiped away as well
as though all they were was a heap of words –
censored by inserting a blank, by the powers!

COIRE

'S e th' annad dhìot coire de chuimhne
A thig air ghleus mar bhreab
No mar phriob a-staigh ri marbh na h-oidhche
'S gun anam beò na lùib.

KETTLE

You. Memory. Kettle.
You come on automatically
in the middle of the night.

5
Am Bodach / *Himself*

(i. m. Tom Gorman)

AN UAIR UD

’S ann a fhuair
E fhèin am bàs timcheall air an lethuair

Nuair a bheir duine
Aon sùil air an uaireadair

’S gun chinnt aige
Dè ’n uair ann an da-rìribh a tha e.

AIR SGEUL

Tha thu ann fhathast,
Fhathast air sgeul
Mun an taigh againn –

Seall: sgealbagan de do chraiceann,
T’ fhuil is t’ fhalt,
Do sheile ’s do shìol.

CEÒ

Dh’ aithnich mi dè bha romham, dìreach
Nuair a dh’ fhuirich mi air beulaibh
An taighe ’s ceò àraid às a cheann
As dèidh an astair fhada
’S nuair a nochd am bodach glas ud an uair sin
– *Habemus Papa*.

THAT TIME

He died
round about half-past,

that time when a person
gives a quick glance at his watch,

not quite sure
exactly what time it is.

STILL HERE

You're still here,
still round about the house.

See? – flakes of your skin,
your blood, your hair,
your spittle, your seed.

SMOKE

I guess I knew what to expect
when I got a whiff of that
peculiar smoke from the chimney
after the long journey
and when the old grey codger appeared then
– *Habemus Papa.*

CUAIRT

Turas math leat air do chuairt
Anns na h-àirdibh shuas mun a' mhonadh
Bhon as e sin a rinn sinn dheth
A ghabh thu ort mar iomairt
Bho nach do dh' fhàg thu de dh' fhios
As do dhèidh cà robh thu a' triall
No cuin' a bhiodh dùil
Ri do thilleadh air ais.

DUILLEAG

'S ann a chuir mi romham
An leabhar ud a bh' ann
A bh' agad na do ghlaic aig an àm

Fhàgail na shìneadh fosgailte
Mun duilleig fhèin
Aig an do dh' fhàg thu fhèin e

'S gun fhleasg
Shìthean air a dhrùdhadh
Air a h-aghaidh,
Dìreach spàg.

FACAL

Cha robh sinn ag iarraidh
Ach an t-aon fhacal beag bìodach
Fhàgail agad 's tu a' falbh

Ach thuit e nach robh nar dàn
No nar comas an uimhir sin fhèin –

Slàn.

HIKE

Have a good hike
up there in the high ground,
that, at least, is what
we assume you're at
since you didn't leave a note
indicating where you'd gone
or when you might be expected to return.

LEAF

I've decided –
that book
you had in your hand at the time,

I'm going to leave it open
at the page
at which you left it,

no garlands
pressed on the cover,
just a fold.

WORD

All we wanted
was just a word
before you had to leave
but even that
proved out of the question –

Bye.

AIR DO CHÀRN

Air falbh
Dìreach dreiseag –

Air ais an ceann ùine bhig
Na mo chloich.

A' CHAILLEACH

Cuideachd, thig a' chailleach thugam na samhla
De Mhoire Mhàthair crochte ris a' bhalla

Aig coinneamh-uaigneach
Am broinn eaglaise,

A' carachadh bho àm gu chèile
'S na deòir a' tighinn ri gruaidh.

DRUAIB

Seo sinn 's ar taic ris a' bhalla
Taobh a-muigh na h-eaglaise

'S gun air fhàgail de chuibhreann 's de chuirm
Ach aran aog liath 's e gun ìm

Is druaib an fhìona
Shìos ri sàl na cuaiche.

ON YOUR HEADSTONE

Just popped out — back in a minute
as a stone.

THE OLD GIRL

Also, the old girl comes to me as an image
of Mother Mary hanging on the wall,

at a private meeting
in the bosom of the church,

moving occasionally,
a tear on its cheek.

DREGS

Here we are with our backs to the wall
outside the church

and all that's left of the feast
is stale, dry bread

and the dregs of the wine
in the bottom of the chalice.

PÌOSAN SAN T-SNEACHDA

Choisich mi leam fhìn san t-sneachda
'S nochd thu nam fhianais mar shamhla,

'S tu, ar leam, air an t-seachran sa chùl-chinn
A tha shuas air chùl an taigh' againn,

Air ceann-gnothaich bhuaipe fhèin a-staigh,
Dìreach airson innse dhomh

Gun robh ar beatha gu bhith deas
Ach 's ann a bha fhios agam glan, seadh, bha fhios,

Ged nach tuirt thu fhèin aon lide
('S cha mhotha bha feum agad air innse),

Rud a bha èibhinn, bho, ri linn tìde mar sin,
'S ann a thogadh tu guth na mìltean fad' às, na mìltean –

Thusa dheasachadh biadh!
Aon rud gun rid nach b' urrainn dhut ionnsachadh dhomh fhìn
a riamh!

'S thachair gun robh pìosan agam na mo mhàla-droma
'S ghabh sinn iad le chèile mar ar cuid san t-sneachda

Mus d' rachadh iad am mùthadh,
An comhair na slighe sìos air ais dhan taigh

'S rinn mi meòmhrachadh air an uimhir sin de chanach an t-
slèibhe
'S e 'm falach fon bhrat sneachda fo bhonn mo choise,

Sa chiaradh, gun ghuth gun ghabadh,
A-muigh ann an shin fon adhar bhalbh.

PIECES IN THE SNOW

I was out walking in the snow
and you appeared,

astray – I thought – on the common grazing
at the back of our place,

with a message from herself
just to tell me

that our meal was ready
but I knew, I knew

although you didn't say a word
(you didn't have to)

which was funny because in weather like that
you can pick up voices miles, miles off.

You cook food!
That was one trifling little thing you never managed to impart!

And it happened that I had pieces in my rucksack
and we had them in the snow

before they went off
to sustain us until we got home

and I was struck by all the bog-cotton
hidden under the carpet of snow beneath my feet

in the gloaming, without a word
out there in the dumb air.

6
Guileag / *Swan Song*

LONELY HEART

Cànan.
Dol bhuaithe.
Ach a bha beò tapaidh na linn.
A' sireadh cànain eile
Eadar 1500 's 2000 bliadhna dh' aois
Airson beath' às ùr.
Uidh ann a bhith a' siubhal na aonar
Anns a' bheinn
Is anns a' mhonadh
Is ann an leabhraichean
Is anns na h-òrain-luadhaidh
A Barraigh 's às Uibhist a Deas
Is anns a' bhàrdachd aig Donnchadh Dubh
'S aig Aonghas Bàn
Agus, oidhche Shathairne,
Ann an smùid na croiche,
Gus càirdeas buan
A chur suas.
Dealbh.

EFFIE

Calling on Effie,
eighty-two or three,

at her home
the other side

of Kensalyre,
sitting there

every Sunday in silence,
every time,

braised ox's tongue
from the night before,

LONELY HEART

Language.
Getting on a bit.
But quite a shaker in its day.
Seeks other language
between 1500 and 2000
for a new life.
Enjoys solitary hillwalks
and books
and waulking songs
from Barra and South Uist
and the poetry of Black Duncan
and Fair Angus
and, every Saturday night,
likes to get hammered.
For a permanent relationship.
Picture.

served cold in pickle
(or is that brine?).

★

I still maintain I could make
it out, a face

like some tribe
or other without a voice

(maybe
without as much as a name)

on the plate,
like something out of an early movie,

black and white,
or out of an old hunting lodge,

staring up at me,
lying there.

ABHAINN A' GHLINNE, SLÈITE

Cumaidh i oirre mar a chumas an abhainn
Ged 's e abhainn *denatured* fhèin

'S ged a rachadh i às an rathad,
Cha tèid às an rathad air fad,

Agus an ceò ri tuiteam air an oidhche
Mu Loch a' Ghlinne

'S an solas
Ri seargadh 's ri sìoladh às.

ABHAINN A' GHLINNE, SLEAT

It'll carry on just like a river,
for all that it's a denatured river

and may disappear
but not entirely

as the mist descends
on the loch

and the light
fades away.

LÀ NAN CUIMHNE

Chì thu Dòmhnall MacDhòmhnaill nach maireann sa chais-
meachd
Feasgar Là nan Cuimhne,

A' siubhal seachad air a' Charragh-Chogaidh
Os cionn Ceàrnan Shomhairle

'S blàth-nam-bodach
Ga chaitheamh na uchd.

MAC CAILEIN MÒR

Nach ann a choisich mi seachad air Mac Cailein Mòr
(No an e bh' ann
Mac 'ic Alasdair no Mac 'ic Ailein?)
'S e na sheasamh leis fhèin air iomall na sràide
'S a' reic a' *Bhig Issue*
Air Mìle Rìoghail Dhùn Eideann,
Seadh, anns an dìle-bhàite
A bha sin an-diugh sa mhadainn
'S e dìreach, mar gun cante,
Air falbh an saoghal dha fhèin, an duine còir.

CAINNT

Thig ar cainnt air ais gun teagamh
Na h-àm fhèin 's na h-àite

Mar bhloighean de chuimhne
Bho àm na h-òige

Na h-inntinn aig a' chaillich
Fo sheargadh-aigne.

REMEMBRANCE DAY

You can see the late Donald MacDonald
parading on Remembrance Day,

marching past the War Memorial
in Somerled Square

with a poppy
bleeding on his breast.

THE DUKE OF ARGYLL

I walked straight past the Duke of Argyll
(mind you,
it could have been Glengarry or Clanranald)
standing on his own on the pavement,
selling *The Big Issue*
on the Royal Mile, Edinburgh,
aye, in that downpour
we had this morning
and there he was,
away in a world of his own,
you might say, poor fellow.

SPEECH

Our speech will come back,
all in good time

as fragments of memory
from the days of youth

in the mind of the old wifey
in an advanced stage of dementia.

MAMAIDH

Chan e dìreach
Gun do thrèig ar cainnt
(Ged a thrèig
Gun teagamh mar Ghàidhlig)

Ach, fhad 's a bha i ga crìonadh,
'S ann a chaill sinn Mamaidh cuideachd
'S i air fàs cho sean
'S cho searbh fhèin dhen t-saothair
A chosg i fad nam bliadhnaichean
Gun duais gun luach-saothrach
'S, air cho math 's gum biodh Dadaidh,
Cha lìon e idir
Na dh' fhàg i de dh' fhalmhachd
Ri ar linn a-rithist.

SURVIVOR

'S e *survivor*
A th' anns a' chainnt againn ceart gu leòr,
San t-seagh 's gun do dh' fhuiling i cràdh
Is ciorram 's gun tàinig i troimhe

'S, ged a tha i beò air èiginn,
Fhathast, bidh sinn ga brosnachadh
Gus a bhith uasal 's moiteil
Gun d' rinn i 'n gnothach
'S gu bheil i fhathast a' dol,
As dèidh na bh' ann de chràdh
'S de chiorram na lùib ri linn;

Mar sin dheth, tha mi cinnteach
Gum bi thu fhèin, a *shurvivor*,
Thu fhèin, a dhuine chòir
A leughas an earrann seo a' tuigsinn
Mar a bhios aig luchd-tàrrsainn
'S gum bi bàidh is dàimh agad rithe
Mar chiorramach.

MUM

it's not just
that our language abandoned us
(though it did
doubtless as Gaelic)

but, as it was withering and failing
we also lost mum
she having grown so old
and so bitter with the toil
that she'd spent over the years
without reward or recompense
and no matter how good dad might prove
he won't fill her wake
all the rest of our lives   (Translation: Iain S. MacPherson)

SURVIVOR

This language of ours is a survivor, right enough,
in the sense that it suffered agony
and damage, and came through it

And though it is alive with difficulty,
we encourage it
to be noble and proud,
that it has been victorious
and is still active,
after all there was a lot of pain
and wounding in connection with it
over the generations

Therefore, I am certain
that you, a survivor,
you, a generous man,
who reads this, will understand
what it means to survive,
and that you will have kindness and friendliness towards her
as a maimed person.

(Translation: Iain Crichton Smith)

167

ORAID

Chaidh mi a dh' èisdeachd ri òraid
Ann an Tall' a' Bhail' a-nochd
Air crìonadh an dualchais againn

Agus, fhad 's a bha fear na h-òraid a' cur dheth,
'S ann a dh' èirich gaoth làidir
'S bhris an uinneag mhòr,
A bha mar thacsa ris, air feadh an làir,
Na sgeanabhagan

Agus dh' èirich a h-uile mac màthar
'S thòisich iad air na basan a bhualadh.

BÀS

Tha Gàidhlig a' dol bàs.
Seadh.

Well, 's e tha mi 'g ràdh
Gu bheil i dol às –
Mar gun canadh tu – gu math clever.

See, eil thu tugsinn,
Chan eil vocabulary
No het mar sin aice
A tha freagarrach ceart
Dhan t-saoghal againn
'S chan urrainn dhi cumail suas
Ris na bigwigs.

Aidh. Shin agad e.
That's it –
End of story.
Gaylick's fucked, so it is. Fucked forever.

LECTURE

I went to a lecture
In the village hall tonight
About the decay of our culture

And while the guest speaker was spouting off,
A strong wind rose up
And the big window
Which he was using as a prop
Broke in smithereens all over the floor

And everybody stood up
And started applauding.

LANGUAGE DEATH

The Gaylick is dying.
Seadh.

Well, what I mean is:
she's going from it —
as you might say — gu math clever.

Seadh, eil thu tuigsinn,
we don't have the vocabulary
or rud sam bith mar sin
that's suitable
for the saoghal-mòr today
and she can't keep up
with the balaich mhòra.

Aye. Shin agad e.
That's it —
cnag na cùise.
The Gaylick's fucked, tha —
fucked gu sìorraidh.

DUILLEAG BHÀN